AYRDE DA LUZ SIQUEIRA ALVES DE ASSIS
(Brisa)

CRER-SENDO

DINÂMICA, JOGOS E SIMULAÇÕES

2ª EDIÇÃO

1ª Edição: 2007
2ª Edição: 2010

Capa
TÚLIO OLIVEIRA

Revisão
ANA EMÍLIA DE CARVALHO
LIBÉRIO NEVES

Diagramação
ANDERSON LUIZ SOUZA

Obra atualizada conforme o
Acordo Ortográfico da Língua Portuguesa.

A484c Assis, Ayrde da Luz Siqueira Alves de.
Crer-sendo: dinâmicas, jogos e simulações / Ayrde da Luz Siqueira Alves de Assis. – 2.ed. – Belo Horizonte: Mazza Edições, 2010.

96 p. ; 18x26cm.

ISBN: 978-85-7160-499-5

1. Educação-Jogos. I. Título.

CDD: 370
CDU: 371.3

MAZZA EDIÇÕES LTDA.
Rua Bragança, 101 | Pompeia
30280-410 | BELO HORIZONTE | MG
Telefax: (31) 3481-0591
edmazza@uai.com.br | www.mazzaedicoes.com.br

O aluno pode até esquecer a matéria, mas jamais esquecerá o professor que lhe tocou a alma.

Oferecimento (*In memoriam*)

À minha mãe Áurea, mulher com coração de criança. Com ela aprendi a não ter medo de mostrar minha alma, de inventar e produzir.
À tia Izaura, minha madrinha, que me amparou e me protegeu nos piores momentos de minha vida.
Ao meu pai Anatólio, por ter infundido em seus filhos princípios da ética, da dignidade e do respeito.
Ao Padre Olímpio Gabriel, meu segundo pai, que me levou a trilhar os caminhos do comprometimento e da responsabilidade social.

Agradecimentos

A Deus, por me iluminar e me fazer ponte para o outro.
Ao meu filho Emerson, pelo ser humano que é e pelo muito que com ele aprendo.

Sumário

Prefácio

Falar de Ayrde é lembrar-se de suas origens, do seu ontem. O cenário é Diamantina, sua terra natal. As lembranças começam no Largo Dom João. De uma rua próxima vai surgindo uma menina impecavelmente vestida no seu uniforme de Grupo Escolar, com um laço de fita na cabeça. Magra, alta, simpática, falante, ia conversando, brincando, entrando em algumas casas e até brigando, por que não?

Filha de Áurea Siqueira, uma de minhas amigas de infância, e do major Anatólio, inteligência brilhante, orador e escritor, professor de Educação Física, responsável pela Praça de Esportes, Ayrde vai crescendo. Sempre se destacando. Já é funcionária dos Correios e Telégrafos. Seu temperamento inquieto, seu dinamismo, suas características de educadora nata não a deixam ficar atrás de uma mesa, numa repartição pública.

Surge, então, a Ayrde socióloga, professora, escritora. Destemida, resistente como são os nossos diamantes, vai construindo seu novo caminho. Preocupa-se com a qualidade de ensinar. Tem fé no crescimento-aprendizagem resultante da interação professor-aluno. Dedica-se a inúmeras atividades, escreve artigos. Amadurecem nesta experimentação numerosas e sugestivas indicações.

É deste acervo de experiências que resulta o CRER-SENDO, proposta metodológica que enfatiza a importância do processo de incentivar o trabalho de grupo, a interatividade criativa entre os alunos. Muitos conceitos são trabalhados de uma forma lúdica, na qual se inserem as experiências de vida de cada aluno e as reflexões que eles desenvolvem.

Ao professor cabe a responsabilidade de estar atento à busca dos objetivos, aproveitando a riqueza do processo, adaptando as sugestões propostas ao nível dos alunos e às condições físicas da escola, do material que pode ser mobilizado a partir da experiência social dos alunos e da realidade da escola. Deve manter-se aberto a surpresas: num processo de ensino-aprendizagem, tanto aluno quanto professor aprendem e ensinam.

Você merece meu sincero aplauso, Ayrde, por sua disponibilidade em repartir suas descobertas. Sejam elas instrumentos de trabalho a enriquecer o processo tão necessário e importante que você, de maneira engenhosa e atraente, chama de CRER-SENDO. Continue o seu caminhar. Parabéns!

Helena Lopes
Janeiro de 2007

Justificativa

"As estações vão passando e, de repente, sem que se perceba, chega o momento de não brotarem os bulbos que deixamos de plantar."
Gibran kalil Gibran

Como educadora que sou, tenho uma visão muito nítida da dimensão política de meu trabalho. Inconformada, sentia o tempo passar sem plantar ainda os bulbos de fé e esperança que existiam dentro de mim, transformando-os em algo real e produtivo para a juventude. Indignava-me ao ver diariamente o valor da dignidade humana, do respeito à vida, da sadia convivência, da família, do equilibrado exercício da autoridade, da fé e da solidariedade sendo bombardeados continuamente pelos desvalores do individualismo, da corrupção, da violência, da anarquia e de uma religiosidade interesseira, colocando-se como valores para uma juventude em formação.

Tornou-se, então, objeto de minha preocupação trabalhar na pesquisa de uma metodologia com referenciais éticos para nortear essa juventude, dando uma contribuição, por menor que fosse, para formar um novo perfil de aluno com valores definidos, colocando-se contra o individualismo, do ter em detrimento do ser.

Desde que li Leo Buscáglia, em *Vivendo, Amando e Aprendendo*, ficou muito forte dentro de mim uma sua fala: "O amor se aprende, o medo se aprende, o preconceito se aprende, o respeito se aprende, a bondade e a distinção se aprendem". Compreendi, então, que ética, justiça e solidariedade também são valores a serem aprendidos.

Nesse exato momento, tomei a decisão de trabalhar uma metodologia que ajudasse o aluno a aprender a ser e a conviver. Nasceu, então, o livro **CRER-SENDO, cujo eixo temático centraliza a ideia do crer como fator imprescindível para ser,** evoluindo-se em reflexões mais elaboradas numa ordem crescente de dificuldades até as séries finais do Ensino Médio. O conteúdo apresentado é dinâmico, lúdico, participativo, de acordo com o perfil e a idade dos alunos. Conteúdo este que convida o aluno a pensar, dando-lhe referenciais para a elaboração inicial de um projeto de vida, no qual ele é o protagonista, pois é pensando, sentindo, analisando e expressando sentimentos que o aluno cresce em profundidade. Se ele aprende a compartilhar, a se expressar e a se aceitar dentro de suas deficiências e potencialidades, ele se tornará um ser peculiar e invejável.

Ayrde

Parte I

INTRODUÇÃO

1. CONVERSANDO COM O PROFESSOR

Muitas vezes eu me vejo pensando em nós, professores. De quanto o contexto vivencial nos levou a acreditar que temos um valor limitado. Valorizamos todo e qualquer profissional (médico, dentista, juiz, engenheiro, etc.), mas consideramos pequena a nossa participação diante do mundo. Estamos com nossa autoestima tão fragilizada, que nos sentimos meros profissionais do ensino, aquele que apenas informa, como se isso fosse qualquer coisa, nada mais.

Vamos pensar agora na figura do professor. Ele tem que ser criativo, dinâmico e mágico para que sua aula seja tão atrativa quanto essa tecnologia de ponta que aí está (video *games*, jogos, Internet, DVDs, MP3). Tecnologia produzida por profissionais com múltiplas especialidades e altíssimos salários, para atrair a atenção do nosso público (crianças e adolescentes), que é o seu mercado.

O professor possui, porém, uma tecnologia com a qual nenhuma outra pode concorrer: **a tecnologia da afinidade, do sentir com.** *Sentir com* é descobrir juntamente com o aluno suas potencialidades e deficiências, é saber de sua alegria, de sua tristeza. É estar com ele na hora certa e no momento exato. É uma tecnologia adquirida na universidade do amor cuja metodologia é da convivência, que não se faz num laboratório, que não exige estatísticas, pois ela se desenvolve lá onde o essencial acontece: o coração. **E ainda negamos nosso valor?**

É um valor que não se mede pelo material, mas pelo humano. Não podemos esquecer que o nosso valor virá pelo político que formaremos dentro da nossa sala de aula e que no futuro nos representará no Legislativo. O homem público que não vai legislar em causa própria e sim em prol de seus iguais.

São doze anos que um aluno passa numa escola até o Ensino Médio. Tempo suficiente para formar o sujeito ético que se indigne diante da tapeação e da mentira. Se acreditarmos nisso, estaremos colaborando para que a ética e a justiça sejam levadas a sério no nosso Brasil.

O livro CRER-SENDO foi elaborado para o professor que acredita que pode promover mudanças, pois, caso contrário, ele será mais um livro com uma metodologia de apoio que fará muito pouca diferença ou quase nenhuma.

A proposta do CRER-SENDO é contribuir para formar uma geração que vai saber refletir, criar, ousar e promover mudanças. **Precisamos acreditar que a melhor forma de conselho é o bom exemplo.** Trabalhamos com a palavra, e ela pode construir mundos.

Ninguém avança um passo para o sucesso sem ter passado antes numa escola. Um aluno pode até esquecer a matéria, mas jamais esquecerá o professor que lhe tocou a alma.

2. CONCEPÇÃO FILOSÓFICA E CONTEÚDO

São duas as concepções filosóficas que orientam este trabalho. A primeira, a do amor educativo de Dom Bosco, que, com credibilidade no ser humano, afirma: "Em todo jovem, mesmo no mais rebelde, existe um ponto acessível ao bem". O primeiro passo do educador é descobrir este ponto, esta corda sensível do coração e tirar proveito disto. Uma outra concepção é a da educação humanizadora e libertadora do pensamento de Paulo Freire, como uma prática capaz de formar o homem crítico, ativo, construtor de sua própria história e da sua sociedade. Para ele, a formação do cidadão crítico e consciente dá-se quando o professor trabalha com o aluno, sendo mediador da construção da sua identidade e do desenvolvimento de sua visão crítica dos conceitos que permeiam a sociedade em que vive.

Portanto, este conteúdo tem o sentido de despertar no aluno uma disposição que o anime a pensar, aproximando-o de si mesmo, estimulando-o a ingressar no mundo apaixonante da indagação e da lógica, no qual o preço é a reflexão, chama viva de participação e cidadania.

Quanto ao conteúdo, o livro CRER-SENDO divide-se em três blocos. No primeiro, ele procura fazer uma reflexão sobre o autoconhecimento, que é subsídio para o segundo bloco, que trata das relações interpessoais. O terceiro e último bloco é específico do professor. Ele sugere atividades, dinâmicas e simulações como subsídio para uma autoavaliação e avaliação do grupo, contribuindo para a melhoria das relações interpessoais na escola. Apresenta ainda uma experiência que deu certo na Superintendência Regional de Ensino do Norte de Minas. Um trabalho de planejamento estratégico realizado no município de São João da Ponte durante o carnaval de 2003, cuja estratégia foi a de colocar 600 professores em uma avenida, num carnaval pedagógico, com enfoque nos problemas educacionais. O samba-enredo, composto pelos próprios professores, convidava todos os educadores a buscarem soluções para a educação. Uma experiência ímpar de exercício de criatividade, criticidade e interação humana.

3. METODOLOGIA

A metodologia adotada aqui baseia-se em três pontos: trabalho em grupos, formação de hábitos e aprender a aprender.

3.1 Trabalho em grupos

A proposta contida em CRER-SENDO é valorizar ao máximo o trabalho em grupos. As atividades coletivas desenvolvem o crescimento intelectual do aluno, pois só vivenciando situações concretas é que ele poderá percorrer as etapas naturais da evolução humana e adquirir hábitos e valores positivos no convívio grupal, tais como: esperar a sua vez de falar, ouvir com atenção, dividir as tarefas, agir em função de objetivos comuns, etc. O aluno evolui no grupo quando participa dele.

3.2 Formação de hábitos

O hábito é um aprendizado. Respeito, cooperação, aceitação do outro e ética são valores que exigem aprendizagem. É sumamente importante para a promoção humana que a escola resgate o exercício dessa prática de forma simples e criativa, na qual se deseja que o professor esteja com o aluno, conversando, dialogando, debatendo temas numa relação horizontal e de respeito. É preciso que o educador tenha uma preocupação especial com a formação pessoal do educando, levando sempre em conta o contexto social, político, econômico e moral em que ele está inserido, fugindo ao máximo do processo de massificação coletiva e da escola de instrução programada. A proposta é tornar a escola criativa, atuante, presente, pulsante, consciente, sem confronto nem ruptura, mas em que a divergência seja a busca do consenso.

3.3 Aprender a aprender

Estamos vivendo um tempo de intensas mudanças. Mudanças cada vez mais rápidas. Para acompanharmos um mundo de tantas transformações, é preciso estar sempre reaprendendo e aprendendo a aprender. A proposta do CRER-SENDO é esta: aprender a aprender. Estimular o potencial crítico e criativo do aluno, no qual o conhecimento seja construído coletivamente numa troca permanente de experiências entre o aluno e o professor. Diálogo, acolhimento, convivência, amor sincero, amor afetivo, amor demonstrado. Esta é a fórmula de transformar a educação num espaço de promoção humana.

Para cada capítulo proposto, existe um objetivo específico. Cada objetivo será detalhado, dando amplo conhecimento ao professor da metodologia em questão, com sugestões de atividades flexíveis que serão aplicadas de acordo com o contexto e o momento desejado.

Parte II

DESENVOLVIMENTO

4. INFÂNCIA: Dinâmicas para alunos de 6 a 12 anos

A infância é o período que vai desde o nascimento até aproximadamente o décimo segundo ano de vida de uma pessoa. É um período de grande desenvolvimento físico, marcado pelo gradual crescimento da altura e do peso da criança – especialmente nos primeiros três anos de vida e durante a puberdade. Mais do que isto, é um período no qual o ser humano se desenvolve psicologicamente, envolvendo graduais mudanças no comportamento da pessoa e na aquisição das bases da personalidade.

4.1 Falando sobre o Humano

O ser humano, ao nascer, parece diferir muito pouco de um animal irracional, em nada se comporta como ser humano, apenas reage aos estímulos externos. À medida que vai crescendo, ele vai se tornando alguém com capacidade de refletir, criar, descobrir, participar, sentir, raciocinar, querer e aprender, pois é um ser em esperança. Tem tudo para se tornar uma pessoa invejável desde que seja motivado a isso. A criança vive aquilo que aprende: se ela vê amor, ela aprende a amar; se vê ódio, ela aprende a odiar. O amor, o medo, a alegria e a tristeza são sentimentos a serem desenvolvidos e estimulados para serem internalizados, assim como a ética e a responsabilidade. E como a criança passa grande parte de sua vida na escola, o professor é seu grande referencial e o foco da atenção e credibilidade do aluno. Daí a importância de encontrar caminhos para que o aluno construa uma aprendizagem para a vida, desenvolvendo capacidades essenciais para se inserir num mundo que vai exigir dele determinação para lidar com a realidade que o cerca.

4.1.1 Sugestões de atividades para trabalhar o Autoconhecimento

Dinâmica do Espelho

a) Objetivos:

• contribuir para que a criança exercite o conhecimento de si mesma,

• contribuir para que a criança compreenda que ela é a pessoa mais importante da vida dela,

• despertar na criança situações de autoavaliação, desempenho e aprimoramento pessoal;

b) Procedimento didático: "Dinâmica do Espelho";

c) Recurso material: "Caixa com espelho";

d) Desenvolvimento:

• levar para a sala de aula uma caixa (previamente decorada como se fosse caixa de presente), tendo dentro um espelho de tamanho médio, capaz de cobrir a maior parte do fundo da caixa e refletir bem o rosto dos alunos,

• despertar a curiosidade das crianças para o conteúdo da caixa: dizer que no seu interior existe algo muito valioso, belo e importante, é o que há de mais importante no mundo para cada pessoa,

• dizer que todos irão ver esse conteúdo maravilhoso da caixa, um por vez, mas ninguém poderá dizer o que viu aos colegas,

• colocar a caixa sobre a mesa e abri-la com cuidado,

• iniciar a chamada aleatória dos alunos. Cuidado para não faltar nenhum. De vez em quando, reforçar a importância do segredo, controlando os mais entusiasmados;

e) Sistematização: no final, o professor perguntará ao grupo o que viu e o que sentiu. Após as respostas, deve reforçar a impressão dos alunos, salientando que cada um é, realmente, muito importante.

Pesquisa: "A História do Meu Nome"

a) Objetivos:

• contribuir para a busca da historicidade do aluno,

• contribuir para a construção da identidade do aluno;

b) Procedimento didático: pesquisa, entrevista;

c) Recurso material: próprio dos alunos;

d) Desenvolvimento: o professor inicia a atividade dizendo aos alunos: "Vamos planejar uma pesquisa para a próxima aula. Nesta pesquisa, não será necessário que você vá a uma biblioteca e procure em livros. Esta pesquisa é sobre você mesmo. Eu quero saber a história do seu nome. Você vai entrevistar a mamãe e o papai e procurar saber por que eles deram a você este nome e, depois, vai contar esta história para nós";

e) Apresentação da pesquisa pelos alunos, na próxima aula:

• providenciar a colocação das cadeiras em círculo para propiciar um clima de intimidade entre o professor e os alunos,

• iniciar a aula, falando da sua alegria em poder conhecer um pouco mais seus alunos,

• dar dois minutos para cada aluno contar a história do seu nome,

providenciar para que todos falem (o ideal é que todos falem no mesmo dia para não perder a beleza do momento),

• ao terminar a apresentação, o professor deve dizer como foi bom conhecer um pouquinho da história de cada um e que, nos próximos encontros, ele espera conhecer mais e mais, com novas atividades que serão dadas.

"Curto e Não Curto"

Este item tem o objetivo de trabalhar a manifestação espontânea do aluno. Aos poucos, o professor deve se conscientizar de que a forma como o aluno se sente influirá sobre o que ele fará da sua vida e como será visto por outras pessoas. O professor, neste espaço, poderá inclusive trabalhar sobre complexos, pois quando nos sentimos bem conosco mesmos, podemos agir melhor e conseguir melhores resultados.

a) **Objetivos:**

- ter clareza daquilo que gosta,
- ter clareza daquilo que quer,
- refletir sobre suas opções de vida,
- propiciar situações de autoavaliação;

b) **Procedimento didático:** dinâmica de grupo;

c) **Recurso material:** instrumental próprio para a dinâmica (ver quadro anexo);

d) **Desenvolvimento:**

- explicar os objetivos da dinâmica,
- dividir os alunos em grupo de quatro pessoas,
- repartir o instrumental, dizendo: "O seu gráfico está dividido em quatro partes. Na primeira divisão, você vai escrever ou desenhar coisas que você faz e de que gosta. Na segunda divisão, você vai escrever ou desenhar coisas que você faz e de que não gosta. Na terceira divisão, você vai escrever ou desenhar coisas que você não faz e de que gosta. Na quarta divisão, você vai escrever ou desenhar coisas que você não faz e de que não gosta", abrir uma plenária na qual cada grupo vai poder falar sobre seu gráfico de preferências;

e) **Sistematização:** o professor poderá sistematizar falando que cada pessoa é única, por isso devemos respeitar cada um dentro de sua individualidade e procurar aceitá-lo como ele é.

INSTRUMENTAL DA DINÂMICA	
Faço e gosto.	Faço e não gosto.
Não faço e gosto.	Não faço e não gosto.

4.2 Falando de Personalidade

Aqui, vamos entrar um pouquinho mais na intimidade do aluno. Será um encontro dele consigo mesmo. Antes, porém, é importante relembrarmos os conceitos sobre "personalidade".

Etimologicamente, a palavra personalidade origina-se do latim *persona*, nome da máscara com que os atores do teatro romano antigo representavam seus papéis. Mas, com o passar do tempo, a palavra personalidade foi evoluindo, ou seja, não mais se refere ao fator externo ou aparência dos indivíduos, passando a referir-se à *interioridade do homem*.

Em psicologia, personalidade não tem o mesmo significado que, diariamente, empregamos para designar qualidades que se verificam nas pessoas.

Personalidade, em psicologia, é o elemento estável e sólido da conduta de uma pessoa. É o habitual do indivíduo se comportar. É o conjunto de hábitos, atitudes, traços e características que determinam o ajustamento de uma pessoa em seu ambiente. É ainda a unidade integrada de um ser humano, isto é: o conjunto de suas características permanentes, como temperamento, constituição, inteligência e caráter, fazendo com que ele seja diferente de outro ser humano, com esses atributos. Cada pessoa possui uma personalidade que é única e que a distingue de outra pessoa.

4.2.1 Sugestões de dinâmicas para trabalhar a Personalidade

Baile da Personalidade

a) Objetivos:
- contribuir para que o aluno compreenda o que o define como pessoa,
- exercitar a compreensão das diferenças individuais;

b) Procedimento didático: Dinâmica "Baile da Personalidade";

c) Recursos materiais: um amplo salão para as pessoas se movimentarem, som, música dançante ao gosto do público em questão, folhas de papel A4 e pincéis atômicos;

d) Desenvolvimento:
- falar do objetivo da dinâmica,
- repartir as folhas de papel A4,
- repartir os pincéis atômicos,
- pedir a cada aluno para pôr em letra de imprensa, tamanho grande, na folha de papel A4 recebida, um traço de sua personalidade. Exemplo: não gosto de mentiras, sou tímido, sou alegre, sou extrovertido, sou sonhador, sou inteligente, não gosto de brincadeiras, gosto de ler, gosto de desenhar, curto filmes de ação, falo pouco, sou calmo, etc.,
- repartir um pedaço de fita adesiva para cada um,

• pedir a colaboração do colega para que pregue a folha com a inscrição da personalidade de cada um nas suas costas,
• pôr a música para tocar,
• pedir a cada um que saia dançando e procurando a pessoa que tenha colocado algo semelhante ou igual ao que ele escreveu,
• dar-lhe o braço,
• pedir que se reúnam por afinidade,
• dar quinze minutos para discutirem em grupo o porquê de terem escolhido aquele item da personalidade para se identificarem,
• escolher um relator para sistematizar a fala do grupo,
• abrir uma plenária;

e) **Sistematização:** o professor poderá sistematizar, dizendo que aquilo que nos torna pessoa e do que gostamos, não gostamos e com que nos comprometemos. São os nossos valores, nossa relação com aquilo em que acreditamos.

Minha Bandeira Pessoal

a) **Objetivos:**
• contribuir para que o aluno descubra traços de sua personalidade,
• contribuir para que o aluno aprofunde no conhecimento de si mesmo;

b) **Procedimento didático:** dinâmica de grupo;

c) **Recurso material:** instrumental da bandeira pessoal (ver quadro);

d) **Desenvolvimento:**
• explicar o objetivo da dinâmica,
• explicar o significado de uma bandeira: a bandeira é o distintivo de uma nação, corporação, partido. Por meio de sua cor e desenho, conta a história de um país, de um povo, de um clube, de um partido, etc.,
• repartir o instrumental para cada aluno,
• dizer que o instrumental está dividido em três partes: na primeira divisão, o aluno vai escrever ou desenhar coisas de que gosta nele; na segunda divisão, vai escrever ou desenhar coisas de que não gosta nele; na terceira divisão, coisas de que gostaria de melhorar em si mesmo,
• dividir os alunos em grupo,
• nomear um coordenador e um relator,
• dar trinta minutos para o aluno preencher a bandeira individualmente,
• dar trinta minutos para a troca de informações em grupo,
• abrir uma plenária;

e) **Sistematização:** o professor poderá sistematizar, dizendo que cada um de nós vai construindo a sua história a cada dia. Quando procuramos identificar aquilo de que gostamos, não gostamos ou gostaríamos de melhorar em nós mesmos, estamos exercitando o autoconhecimento e, com isso, descobrindo nossas falhas e buscando o aprimoramento. Poderá dizer ainda que saber falar de nós mesmos é sinal de amadurecimento, crescimento, e que esse hábito nos tornará cada dia melhores.

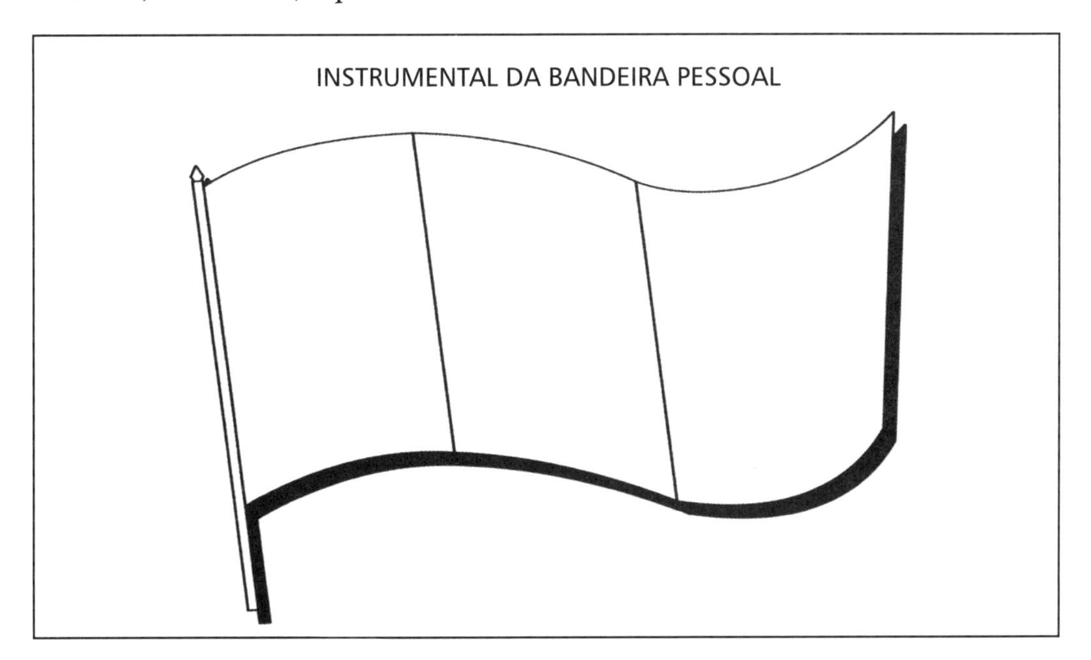
INSTRUMENTAL DA BANDEIRA PESSOAL

4.3 Trabalhando o Caráter: conceito

A palavra caráter procede do grego *charasseir* ou *charasso*, significa coisa gravada ou eu gravo. É a marca individual de cada ser humano, que orienta seu comportamento e sua conduta, são traços que o distinguem das outras pessoas.

Para a maioria dos psicólogos, caráter é o conjunto de qualidades fundamentais da personalidade. René Le Senne, caracterológico, distingue o caráter da personalidade, dizendo que caráter são traços com sentido moral e ético. Assim, quando nos preocupamos com situações que envolvem valores morais como honestidade, lealdade, bondade, certo ou errado, bom ou mau, mentira, tapeação, roubo, estamos falando de caráter. Por outro lado, quando tratamos do comportamento social de uma pessoa, em termos de domínio ou submissão, introversão ou extroversão, estamos considerando as características da personalidade.

A ideia de trabalhar a personalidade e o caráter dos alunos do Ensino Fundamental *tem como objetivo superar a individualidade do aluno,* levando-o a internalizar que todos somos diferentes e como tal devemos ser respeitados. Cada um do seu jeito, temperamento, maneira de pensar (fruto de uma estrutura familiar, de um grupo e uma sociedade); é a unidade na diversidade. Apesar das diferenças, podemos nos sentar à mesma mesa e conversar amigavelmente. As diferenças não devem levar-nos a construir muros e barreiras intransponíveis.

Podemos ser diferentes e continuar nos respeitando. Trabalhando esse item, o professor está desenvolvendo a interação social e melhorando as relações interpessoais.

4.3.1 Sugestões de dinâmicas para trabalhar o Caráter

Bom Caráter x Mau Caráter

a) **Objetivos:**

- contribuir para o autoconhecimento do aluno,
- aprofundar o conhecimento e a compreensão sobre caráter;

b) **Procedimento didático:** Dinâmica "Bom Caráter x Mau Caráter" (ver quadro);

c) **Recurso material:** instrumental da dinâmica;

d) **Desenvolvimento:**

- falar do objetivo da dinâmica,
- repartir o instrumental,
- dividir em grupos,
- nomear um coordenador e um relator,
- dar dez minutos para cada aluno preencher individualmente o instrumental,
- dar trinta minutos para a socialização em grupo,
- realizar uma plenária, dando cinco minutos para cada grupo se apresentar;

COMO VAI MEU CARÁTER	SIM	NÃO
Sempre falo a verdade.		
Falo mentiras.		
Tenho inveja de meus colegas que se dão bem.		
Não guardo segredos.		
Sei guardar segredos.		
Brigo com os meus colegas.		
Falo mal de meus colegas.		
Gosto quando alguém se dá mal		
Gosto de fazer amigos.		
Gosto de ajudar as pessoas.		
Ajudo meus colegas.		

Faço bagunça na sala de aula.		
Não gosto de brigar.		
Sou alegre.		
Gosto de estudar.		
Respeito meus pais.		
Crio coisas.		
Sou mentiroso.		
Não entrego o que peço emprestado.		
Sou bom em desenho.		
Sou bom em matemática		
Gosto de ler.		

e) Sistematização: o professor deve procurar transmitir aos alunos que caráter é coisa construída. Que sempre devemos avaliar nosso comportamento e buscar formas de nos tornarmos melhores a cada dia; que mudar é questão de atitude; basta querer exercitar a mudança.

Buscando o Meu Par

a) Objetivos:

• contribuir para o autoconhecimento do aluno,

• exercitar a compreensão do que seja caráter;

b) Procedimento didático: dinâmica de grupo;

c) Recurso material: tarjetas repetidas com inscrições de caráter;

d) Desenvolvimento:

• elaborar várias tarjetas com conceitos de bom caráter, repetidos três ou mais vezes de acordo com o número de alunos, como o quadro abaixo:

Não falo mentiras. – Não Falo mentiras. – Não falo mentiras.

Não falo mal dos outros. – Não falo mal dos outros. – Não falo mal dos outros.

Sei guardar segredos. – Sei guardar segredos. – Sei guardar segredos.

Não engano as pessoas. – Não enganho as pessoas. – Não engano as pessoas.

- falar do objetivo da dinâmica,
- espalhar as tarjetas pelo chão,
- pedir a cada um que pegue uma tarjeta,
- pedir a cada um que procure pelo colega que pegou a mesma tarjeta que ele,
- pedir que formem grupos por afinidade,
- dar vinte minutos para que cada um fale de seu caráter de acordo com a tarjeta,
- abrir uma plenária,
- pedir ao relator que fale sobre as reflexões feitas em grupo;

e) **Sistematização:** mais uma vez, o professor vai reforçar que caráter é coisa construída; que sempre devemos avaliar nosso comportamento e buscar formas de nos tornarmos melhores a cada dia; que mudar é questão de atitude, basta querer exercitar a mudança.

4.4 Trabalhando Valores: conceito

Axiologia é formada por dois termos gregos: *axis*, que significa valor, e *logos*, que significa estudo.

A axiologia ou teoria dos valores é a disciplina filosófica que estuda os valores das coisas que nos cercam. Vivemos cercados por um mundo de coisas, e estas coisas possuem um caráter próprio, peculiar, que nos faz assumir, diante delas, uma posição de preferência. Isto porque elas nos apresentam como feias, bonitas, profanas, sagradas, etc. Mas nunca indiferentes.

Segundo a axiologia, não permanecemos indiferentes diante de coisa alguma. É por meio dessa não indiferença perante as coisas existentes que se ergue o valor. Portanto, o valor se caracteriza pela não indiferença entre o sujeito que aprecia e o ser que apresenta como objeto de apreciação.

Ser indiferente é não sentir, não tomar conhecimento de algo conhecido. Se entre mim e a música há uma não indiferença, isso pode ser entendido como uma propriedade que o objeto tem de ser desejável ou indesejável, que é positivo ou negativo. Portanto, o ponto neutro do valor é a indiferença que é a própria negação do valor.

Você pode perceber que qualquer valor tem que se situar num polo positivo ou num polo negativo; esta característica de valor recebe o nome de polaridade. Em consequência da polaridade, não há valor que seja único, pois ao valor opõe-se o contravalor, que é a parte objetiva do valor que no objeto o faz ser desejável ou indesejável. Sempre se coloca num polo, de acordo com a necessidade do sujeito.

Muitos filósofos se propuseram a elaborar uma classificação e uma hierarquia para os valores. Existem inúmeras classificações, porém a mais aceita foi a proposta pelo filósofo alemão Max Scheller (1874-1928).

Vejamos agora o que Max Scheller estabeleceu para os valores:

a) Valores Religiosos : são os mais altos de todos os valores, pois neles se fundem todos os outros. A autenticidade desse valor culmina numa relação com a divindade, conceito supremo que preside o mundo de todos os valores. É da relação de cada ser humano com o Deus em que acredita que comportamentos e relacionamentos serão determinados. Em toda época e lugar, o pensamento religioso determinou relações de guerra ou de paz;

b) Valores Éticos: são valores do bem moral. São exclusivos das pessoas e nunca das coisas. Apresentam-se como conduta que traçamos para que tenhamos uma existência voltada para a prática do bem. O valor ético reside na essência do ser;

c)Valores Estéticos: residem essencialmente na aparência. A realidade estética é sempre uma realidade aparente, em oposição ao valor ético, que é sempre um valor de ação. Esta intuição não é necessariamente uma intuição visual; pode ser auditiva; pode ser a emoção que experimentamos ao ouvir ou ler um poema. Trata-se de uma intuição que põe o objeto diante de nós susceptível de percepção;

d) Valores Vitais: são valores essenciais para a vida, no sentido naturalista da palavra. São, portanto, necessários à nossa sobrevivência, à saúde e ao vigor;

e) Valores Úteis: são aqueles que nos servem como meio para obtermos a satisfação de nossas necessidades, por intermédio de um determinado bem (moradia, trabalho, alimentação);

f) Valores Hedônicos: são os valores do agradável e do prazer. Recebem esse nome porque hedônico significa viver a vida com prazer. Esses valores abrangem todas as sensações de prazer pelas quais passamos, tais como o vestuário, a comida, a bebida, etc.

Vejamos agora a hierarquia desses valores, de acordo com a escala proposta por Max Sheller:

Escala de valores segundo Max Sheller

4.4.1 Sugestões de dinâmicas para trabalhar Valores

Baile dos Valores

a) **Objetivos:**

- determinar um valor no contexto vivencial como subsídio ao direcionamento da vida,
- proporcionar situações de autoavaliação de aprimoramento pessoal;

b) **Procedimento didático:** Dinâmica de Grupo "Baile dos Valores";

c) **Recursos didáticos:** folhas de papel A4, som potente, CD dançante (M.P.B., *rock*, *pop rock*), fita adesiva, pincéis atômicos;

d) **Desenvolvimento:**

- colar um pedaço de fita adesiva atrás da cadeira de cada um,
- repartir as folhas de papel A4,
- dar um pincel atômico a cada um dos participantes,
- pedir a cada participante que escreva na folha A4 o que mais valoriza na vida,
- pedir que pegue o adesivo que está colado atrás da cadeira e, com a ajuda de um colega, colar o que escreveu em suas costas,
- pôr a música no som,
- pedir que todos saiam dançando e identificando no grupo quem escreveu algo semelhante ao seu, dando-lhe o braço;

e) **Oficina de trabalho:** após o exercício de identificação, serão formados grupos por afinidades para discutirem, durante vinte minutos, por que este valor é o mais importante para eles;

f) **Plenária:** após a exposição nos grupos, será escolhido um relator que vai apresentar as conclusões do mesmo na plenária (dez minutos);

g) **Sistematização:** o professor poderá sistematizar, dizendo: "Ao escolhermos um valor (amor, amizade, Deus, família, respeito, etc.), estamos determinando um direcionamento para nossas vidas. Estamos escolhendo os nossos livros, amigos, filmes... Enfim, tudo que nos é precioso.

Hierarquia dos Valores

a) **Objetivos:** aprofundar o conhecimento pessoal sobre os valores como subsídio para o autoconhecimento;

b) **Procedimento didático:** dinâmica de grupo;

c) **Recurso material:** instrumental da hierarquia dos valores;

d) **Desenvolvimento:**

- falar sobre o objetivo da dinâmica,
- repartir o instrumental,

• dar dez minutos para o aluno preenchê-lo individualmente,
• formar grupos de trabalho nos quais cada um irá falar sobre a ordem de importância de certos valores em sua vida,
• nomear um relator para o grupo,
• abrir uma plenária,
• cada grupo deverá falar da reflexão que fez;

e) Sistematização: conversar com os alunos novamente sobre valores, falar que certos valores têm maior importância em nossas vidas e que a definição dessa importância é um caminho seguro para a sustentação da nossa caminhada.

INSTRUMENTAL DE TRABALHO

7							
	6						
		5					
			4				
				3			
					2		
						1	

Pesquisa: "O que é Beleza"

a) Objetivos: contribuir para que o aluno reflita sobre como aprendeu o conceito de beleza;

b) Recurso didático: pesquisa;

c) Recurso material: próprio do aluno;

d) Desenvolvimento:

• lançar o tema: *O que é beleza?*,
• pedir a cada aluno que pesquise como ele aprendeu o conceito do que é beleza,
• abrir uma plenária,
• iniciar a reflexão;

e) Sistematização: após a pesquisa e a plenária, o professor terá toda a bagagem para demonstrar que todos os nossos conceitos foram repassados por alguém. E quando

nos depararmos com outros conceitos que vêm de encontro aos nossos, criamos uma barreira, isto é, um preconceito, pois já temos um conceito anteriormente definido do que é belo, feio, ridículo, imoral, moral, etc.
Dizer ainda que, à primeira vista, o que chama atenção de alguém é o físico, mas o que retém este alguém ao nosso lado e o faz tornar-se nosso amigo não é sua beleza, mas o seu bom caráter, sua personalidade definida, pois ninguém consegue ficar perto de alguém muito bonito, mas que é mentiroso, maldoso, e que não nos inspira confiança.

4.5 Trabalhando Lógica: conceito

A palavra lógica origina-se do grego *logos*, que significa raciocínio, razão. A preocupação com a lógica não é atual, ela existe desde a Antiguidade. Prova disso é, por exemplo, o célebre *Organon*, uma coletânea de tratados na qual a lógica é vista não como um ramo da ciência, mas um estágio preparatório que antecede o conhecimento.

Isso significa que a lógica é um instrumento utilizado pela ciência, pois todo o conhecimento, para ser científico, tem que ser necessariamente lógico. Pode-se ver que o alcance da lógica não se restringe aos limites de uma disciplina isolada, sua função é ampla: oferece a estrutura pela qual o pensamento deve ser orientado para a procura e a demonstração da verdade.

Na aplicação da lógica, nós nos defrontamos basicamente com dois tipos de problemas: estabelecer a forma correta do pensamento para que ele possua validade e estabelecer a forma correta do pensamento para que ele corresponda a algum fato da realidade, motivo da nossa preocupação.

Em decorrência desses dois tipos de problema, nascem as duas grandes divisões da lógica: a lógica formal e a lógica material.

A **lógica formal** se preocupa com a maneira pela qual o pensamento deve apresentar-se para ser correto. Em outras palavras, preocupa-se em estabelecer a forma pela qual o pensamento deve ser enunciado para que possua validade.

A **lógica material** se preocupa em estabelecer a forma correta para que exista uma correspondência verdadeira entre o nosso pensamento e o fato real.

Entre o nosso pensamento e o fato surge o juízo, que é o ato de julgar, opinar. Sempre o fizemos seguindo os nossos valores, por isso o juízo não resulta de uma correspondência verdadeira entre o pensamento e o fato real, daí é que surge o erro.

O erro tem causas lógicas e causas morais.

A **causa lógica** provém de *falta de penetração, falta de atenção, falta de memória.*

As **causas morais** podem ser reduzidas a três princípios, que são:

a) a vaidade, pela qual confiamos em demasia nas nossas luzes pessoais;

b) o interesse, pelo qual preferimos as asserções que nos são favoráveis;

c) a preguiça, pela qual recuamos ante a informação e o trabalho necessário, aceitando sem controle os preconceitos em voga, a autoridade dos falsos sábios, as aparências superficiais, os equívocos da linguagem, etc.

4.5.1 Sugestões de atividades para trabalhar a Lógica

Solução de problema: "Esportes de Verão"

a) **Objetivos:**
- exercitar o raciocínio lógico,
- exercitar o pensamento,
- exercitar conceitos matemáticos;

b) Procedimento didático: solução de problema "Esportes de Verão" (ver quadro);
c) Recurso material: xerox do texto do problema;
d) Desenvolvimento:
- explicar o objetivo da atividade,
- explicar o motivo pelo qual o problema tem que ser feito com base na eliminação.

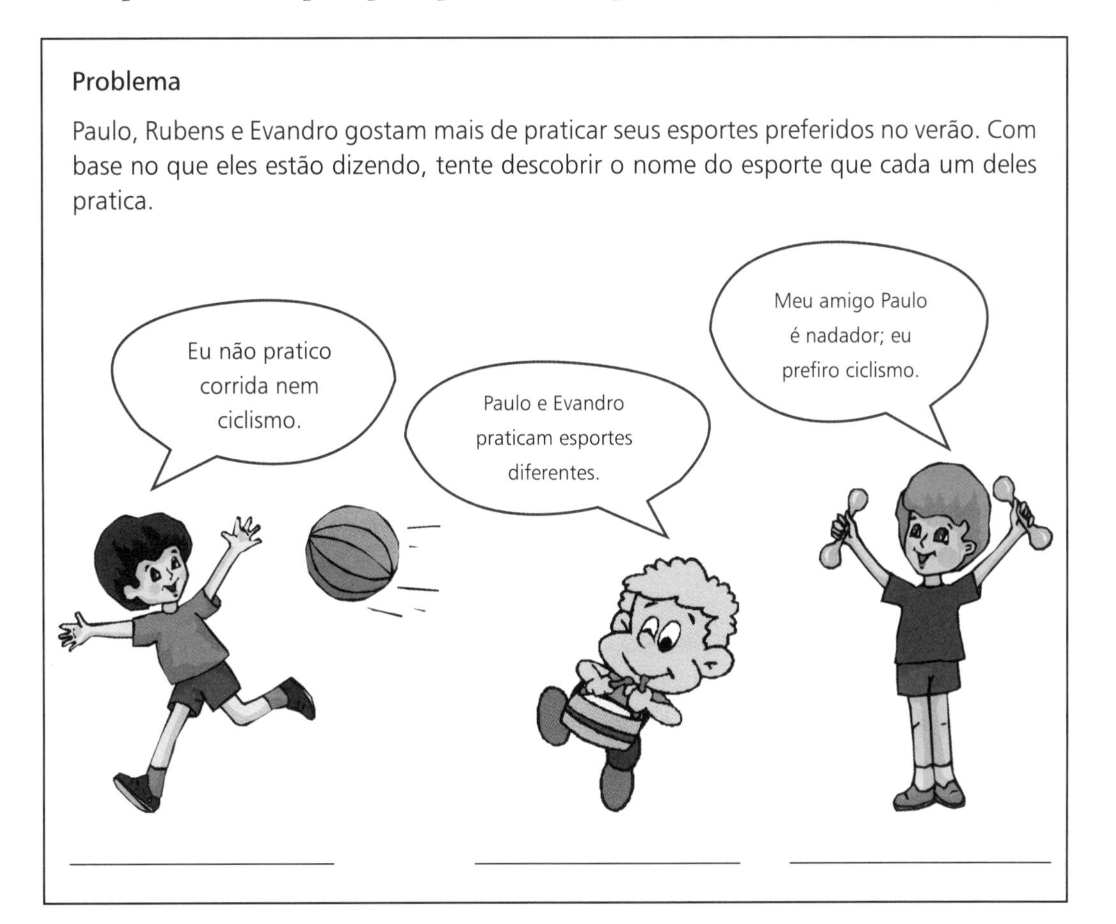

Solução de problema: "Flores"

a) Objetivo: exercitar o pensamento e o raciocínio lógico;

b) Procedimento didático: resolução de problema de lógica (ver quadro);

c) Recurso material: xerox do texto do problema;

d) Desenvolvimento:

- explicar o objetivo da atividade,
- falar sobre o fator eliminação como forma de se encontrar a solução do problema.

Problema

Sílvia, Lúcia e Márcia receberam flores de seus namorados. Com base no que elas estão dizendo, tente descobrir o nome de cada uma e que tipo de flor cada uma ganhou.

Solução de problema: "Corrida de Carro"

a) Objetivos:

- exercitar o pensamento e o raciocínio lógico,
- exercitar o planejamento,
- exercitar a atenção,
- exercitar conceitos matemáticos;

b) Procedimento didático: resolução de problema de lógica (ver quadro);

c) Recurso material: xerox do texto do problema;

d) Desenvolvimento:

- explicar o objetivo da atividade,
- explicar o conceito *entre,*
- exercitar o conceito direita e esquerda.

Problema

Estamos posicionados atrás de um *grid* de largada. À nossa frente existem oito carros de cor e marcas diferentes que estão alinhados lado a lado para uma corrida. Estabeleça a ordem em que os carros estão dispostos, baseando-se nas seguintes informações:

1. A Ferrari está entre os carros vermelho e cinza.
2. O carro cinza esta à esquerda do Lotus.
3. A Maklaren é o segundo carro à esquerda da Ferrari e o primeiro à direita do carro azul.
4. A Tyrrel não tem carro à sua direita e está logo depois do carro preto.
5. O carro preto está entre a Tyrrel e o carro amarelo.
6. O Shadow não tem carro algum à esquerda e está à esquerda do carro verde.
7. À direita do carro verde está o March.
8. O Lotus é o segundo carro à direita do carro creme e o segundo à esquerda do carro marrom.
9. A Lola é a segunda à esquerda do Isso.

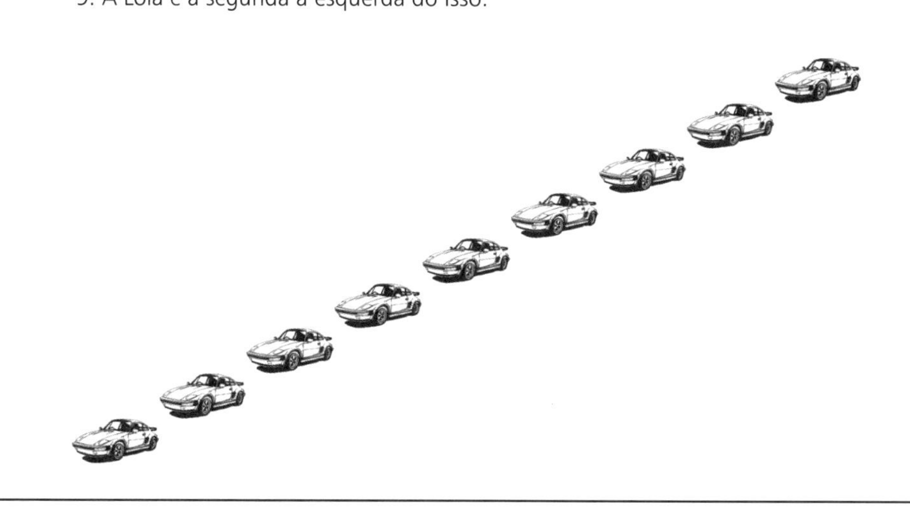

A Avenida Complicada

a) Objetivos:

- exercitar o raciocínio lógico,
- exercitar o pensamento,
- exercitar o senso crítico,
- exercitar a criatividade,
- exercitar conceitos matemáticos;

b) Procedimento didático: resolução de problema de lógica (ver quadro);

c) Recurso material: xerox do texto do problema;

d) Desenvolvimento:

- explicar o objetivo da atividade,
- explicar o conceito entre (relação de lugar que separa duas pessoas ou coisas),
- exercitar o conceito de **direita** e **esquerda**.

Problema

Cinco casas estão localizadas sobre a mesma avenida e do mesmo lado. Identifique: o proprietário, o automóvel, a bebida, o animal de estimação e a cor de cada casa de acordo com as dicas abaixo:

1. O mexicano mora na casa vermelha.
2. O peruano tem um carro Mercedes Benz.
3. O argentino possui um cachorro.
4. O chileno bebe Coca-Cola.
5. Os coelhos estão à mesma distância do Cadilac e da cerveja.
6. O gato não bebe café e não mora na casa azul.
7. Na casa verde, bebe-se uísque.
8. A vaca é vizinha da casa onde se bebe Coca-Cola.
9. A casa verde é vizinha da casa cinza, à direita.
10. O peruano e o argentino são vizinhos.
11. O proprietário do Volkswagem cria coelhos.
12. O Chevrolet pertence à casa de cor rosa.
13. Bebe-se Pepsi-Cola na terceira casa.
14. O brasileiro é vizinho da casa azul.
15. O proprietário do carro Ford bebe cerveja.
16. O proprietário da vaca é vizinho do dono do Cadilac.
17. O proprietário do carro Chevrolet é vizinho do dono do cavalo.

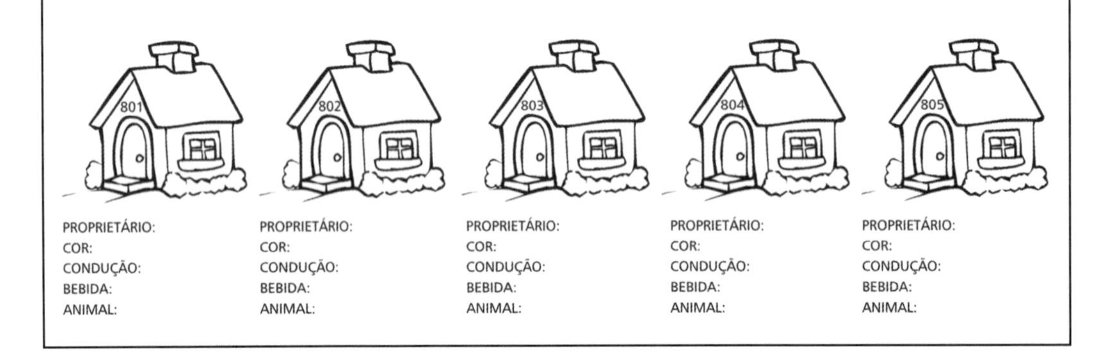

4.6 Falando sobre Cidadania

A formação da cidadania é um processo lento e profundo que leva gerações. Planta-se uma geração como se plantam árvores. Como é o educador que está na ponta, onde o essencial acontece, portanto é ele quem vai definir: quando plantar, em que solo plantar e quando colher. Para trabalhar a cidadania é preciso criar oportunidades de uma reflexão elaborada sobre: respeito, disciplina e participação.

Os alunos consomem valores da televisão como se fossem seus, impedindo-os de exercitarem o pensamento e de terem um encontro consigo mesmo em profundidade. Sendo o professor referencial para os alunos, é ele quem vai conduzir o aluno a buscar seus próprios valores: o respeito e o amor por si próprios. É preciso que o aluno esteja livre para experimentar, tentar e errar. O erro é sempre uma referência para buscar-se o acerto.

4.6.1 Como trabalhar a Cidadania?

Criando meios para que o aluno pense e desenvolva sua criticidade. Isso porque, se lhe forem apresentados conceitos prontos, ele simplesmente os guarda, não os incorpora, pois a incorporação é resultado da busca.

A proposta para trabalhar a cidadania no Ensino Fundamental visa contribuir para que a criança comece a pensar, sendo capaz de tomar pequenas decisões buscando formas de soluções para os problemas surgidos em sala de aula, no seu colégio, porque mais tarde ele será capaz de ser agente de mudança no seu bairro e até em sua cidade.

E possibilitar ainda o aluno a compreender que cidadania se faz, sobretudo com respeito, disciplina e responsabilidade. Para cada direito adquirido, pressupõe-se um dever a ser respeitado.

4.6.2 Sugestões de atividades para trabalhar a Cidadania

Estudo de caso: "Confusão"

a) Objetivos:

- contribuir para que os alunos reflitam sobre respeito, disciplina e responsabilidade,
- encorajar o aluno a exercitar sua criticidade opinando sobre o certo ou errado,
- encorajar o aluno a se unir como forma de enfrentamento na solução de problemas;

b) Procedimento didático: estudo de casos;

c) Recurso material: xerox da história "Confusão";

d) Desenvolvimento:

- explicar o objetivo da dinâmica,
- dividir a classe em grupo de cinco alunos,
- distribuir o caso para cada grupo,
- debater em grupo, seguir o esquema do quadro abaixo:

Debate

1. Como organizar e motivar a bicharada para esta reunião?
2. Linha de ação para organizar a reunião.
3. Estabelecer o objetivo da raunião (o que vocês querem com a reunião); os assuntos a serem tratados (pauta da reunião); o tempo de duração da raunião e o tempo para cada assunto (meta); as funções (o que cada um vai fazer na reunião); e o local da reunião.
4. Enviar o convite da reunião contendo horário e a pauta da mesma.
5. Estabelecer a disciplina: vez de ouvir e falar de cada um.
6. Estabelecer como os bichos devem comportar-se para realizar uma boa reunião.

- distribuir o instrumental abaixo e pedir que marquem o certo e o errado de cada bicho se comportar, como forma de articular um comportamento ideal para que consiga realizar uma boa reunião,

Errado	Certo
A onça queria mandar em todos.	
A preguiça, pendurada na Embaúba, puxou aquela soneca.	
O beija-flor não parava quieto. Voava de um lugar para o outro. Voava de um assunto para o outro. Sem parar!	
O macaco só queria fazer macaquice.	
O pavão queria ser o bonitão!	

- dar quarenta minutos para o estudo,
- nomear um coordenador e um relator para o grupo,
- abrir uma plenária,
- pedir também ao relator que apresente as conclusões do grupo.

Confusão

Os bichos viviam contentes na floresta de Brejaúva, mas algumas coisas estranhas começaram a acontecer. Árvores derrubadas, rios poluídos, bichos brigando...

Então, alguns bichinhos tomaram uma atitude: convidar a bicharada para um grande encontro.

Quando começou a reunião, o sapo falou:

– Esta floresta está ficando muito esquisita. Precisamos acabar com esta esquisitice!

A conversa estava animada, mas logo começou uma confusão danada. Cada bicho tinha uma mania!

A onça queria mandar em todos.

A preguiça, pendurada na Embaúba, puxou aquela soneca!

O beija-flor não parava quieto. Voava de um lugar para o outro. Voava de um assunto para outro. Sem parar!

O macaco só queria fazer macaquice.

O pavão queria ser o bonitão!

e) **Sistematização:** o professor poderá sistematizar as oficinas, iniciando com as seguintes perguntas:

- O que o grupo faria para ter a atenção da bicharada?
- O que o grupo faria para que a reunião desse certo?
- Quais os passos que você acha necessário para uma boa reunião?

O professor aqui terá uma excelente oportunidade de trabalhar os conceitos de respeito e responsabilidade, além de criar hábitos de saber ouvir, bem como esperar a vez de falar, não interromper quem está falando e nem completar a fala do outro.

Estudo de caso: "Mistério"

a) **Objetivo:** contribuir, mais uma vez, para que os alunos internalizem o sentido de cidadania;

b) **Procedimento didático:** estudo de caso e simulação;

c) **Recurso material:** xerox da história "Mistério";

d) **Desenvolvimento:** pedir aos alunos para conversarem sobre a história abaixo, questionando:

- Por que a raposa queria omitir o nome da fruta?
- Por que a raposa resolveu ensinar o nome da fruta somente à tartaruga?
- Qual lição o grupo tira dessa historinha?

Mistério

Uma árvore, muitas frutas deliciosas. Deliciosas em sonho, porque os bichos da floresta da Brejaúva não podem comê-las. Ou melhor, até poderiam, mas as frutas não desgrudavam dos galhos, e se desgrudavam, viravam pedras. Para colher e comer a fruta, era preciso chegar debaixo da árvore e falar o nome da fruta.

Só um bicho, apenas um bicho, sabia o nome da fruta: a raposa. Sempre aparecia um bicho na casa da raposa para aprender o tal nome. E a danada ensinava, mas, espertinha, tratou de morar longe da tal árvore. Assim, antes de o bicho dar o primeiro passo de volta, o nome embaralhava e virava fumaça.

Numa manhã de chuva, a tartaruga resolveu passar esta história a limpo. Guardou sua violinha no casco e zuuuuuuuummmmmmmmm...

Chegou à casa da raposa e bateu: toc-toc-toc! Fez a pergunta misteriosa e escutou aquele palavrão: **"Frutapépretopápatrapópápópé".**

A tartaruga quase morreu de susto com aquela rajada de nomes e pediu-lhe para repetir. A raposa nunca repetia, mas, como era para a bobinha, velhinha coitadinha, tornou a dizer: **"Frutapépretopápatrapópápópé".**

Então, a tartaruga (como se estivesse sofrendo de uma grande transformação) respirou fundo, tirou a violinha de dentro do casco, ajeitou, limpou a garganta, deu meia-volta e destramelou uma cantoria:

– *Fruta pé, preto pá, prata pó, pá pó pé...*

Os bichos da Brejaúva desconfiaram que a dona Tartaruga estivesse realmente caducando. Assim mesmo, eles a seguiram. Quando chegaram debaixo da árvore misteriosa, a tartaruga rasgou o verbo:

– *Fruta pé, preto pá, prata pó, pá pó pé.*

E exclamou:

– De hoje em diante, está desencantado o mistério da fruta. Consegui aprender o nome, bicharada! E vou ensinar muito bem ensinado! E a cantoria correu solta:

– *Fruta pé, preto pá, prata pó, pá pó pé...*

Os bichos ficaram maravilhados com a fruta. Além de saborosa, a fruta tinha o estranho poder de dar muita saúde e força.

e) **Sistematização:** a professora deverá estimular a criticidade dos alunos com as seguintes perguntas:

- O que entenderam da história?
- O que vocês acharam da raposa?
- Quando só a raposa sabia o nome da fruta, isso dava a ela algum poder? Como?
- Vocês acham justo que somente a raposa soubesse o nome da fruta?
- O que devemos fazer para sabermos de nossos direitos?
- O que devemos fazer para sabermos de nossos deveres?
- Levar os alunos a se conscientizarem de que devemos lutar pelas nossas conquistas, reforçando que "para respeito termos, temos que respeito dar". Nossa liberdade termina onde começa a liberdade do outro.

5. ADOLESCÊNCIA: Dinâmicas para Adolescentes

Na legislação brasileira (Lei nº 8.069), de 13 de julho de 1990, adolescentes são pessoas entre 12 e 18 anos. A adolescência trata-se, na verdade, da passagem do mundo infantil para o mundo adulto. É um período de reorganização, de intensas emoções e transformações. Essa passagem é caracterizada por uma crise de identidade na qual o adolescente se debate em questionamentos relativos a seu corpo, a seus valores existentes, às escolhas que deve fazer e a seu lugar na sociedade.

Sendo um período de reorganização pessoal e social, surgem as contestações, rebeldias, rupturas, inquietações. O ponto central dessa passagem é a procura da identidade: quem sou eu? E mais tarde: o que eu quero? Nesse sentido, a família e a escola constituem suas grandes questões. Como o adolescente está envolto em grandes questionamentos, a sua autoestima quase sempre está fragilizada. Nesse período, a sexualidade ganha presença em sua vida e, quase sempre, o ataque torna sua forma de defesa, tendo como forma de expressão a música e a dança.

As dinâmicas trabalhadas a seguir terão como objetivo contribuir na busca de sua identidade, partindo do pressuposto de que nós, seres humanos, temos algumas condições para nosso crescimento: termos uma visão de mundo e da natureza humana bem definidos.

5.1 Falando de Protagonismo Juvenil

Tu me dizes eu esqueço
Tu me ensinas eu me lembro
Tu me envolves eu aprendo.
(Benjamin Franklin)

O termo protagonismo, em seu sentido atual, indica o ator principal, ou seja, o agente de uma ação, seja ele um jovem ou um adulto, um ente da sociedade civil do Estado, uma pessoa, um grupo, uma instituição ou um movimento social.

No entanto, quando falamos em protagonismo juvenil, estamos nos referindo a um tipo particular de protagonismo, que é aquele desenvolvido pelos jovens. A educação nacional tem como objetivo maior a formação integral do educando, a sua preparação para a cidadania e a sua qualificação para o trabalho. Visa, portanto, formar a pessoa, o cidadão, o trabalhador. O protagonismo juvenil relaciona-se basicamente com a preparação para a cidadania, desenvolve as qualidades que capacitam os jovens a ingressar, permanecer e a ascender no mundo do trabalho, aprendendo a ser, a conviver e a aprender. Neste bloco o CRER-SENDO vai dar sua contribuição no campo de desenvolvimento pessoal. O aprender a ser, que implica a busca:

a) do desenvolvimento do senso de responsabilidade;

b) do desenvolvimento da autoestima;

c) do autoconceito e da autoconfiança;

d) da visão do futuro, do projeto e do sentido de vida;

e) da autodeterminação;

f) da autorrealização e da busca da plenitude humana.

A proposta aqui é criar espaços para que o educando possa empreender, ele próprio, a construção do seu ser, ou seja, a realização de suas potencialidades.

5.2 Visão de Mundo: Tudo tem a ver com tudo

Os diversos aspectos da realidade dependem uns dos outros, de modo que as coisas não podem ser compreendidas isoladamente, uma a uma, é preciso levar em conta a conexão que cada aspecto desta realidade contribui para um acontecimento. A conexão, portanto, é que, da soma de cada acontecimento, constituir-se o todo.

Portanto, um todo compreende um lado e outro da realidade (que é contraditória). Os dois lados se opõem e, no entanto, constituem uma unidade.

Somos seres em constante transformação. Tudo tem uma causa que parte das nossas necessidades, que são temporais e passageiras. Toda posição muda na medida em que mudarem as nossas necessidades. Portanto, mudar é um processo que se vai aperfeiçoando ao longo de nossas vidas.

As dinâmicas abaixo vão contribuir para que o adolescente tenha uma visão de mundo e da natureza humana que implica o aprendizado do aprender a ser e a conviver.

5.2.1 Sugestões para atividades

Atividade: "Dinâmica da Vida"

a) **Objetivos:**

- contribuir para a reflexão sobre a visão de mundo,
- contribuir para uma reflexão sobre a natureza humana;

b) **Procedimento didático:** dinâmica de expressão corporal;

c) **Recursos materiais:** salão amplo para pessoas se movimentarem, som potente e música dançante;

d) Desenvolvimento:
- explicar os objetivos da dinâmica,
- ensaiar antecipadamente:

Um passo pra frente.
Um passo pra trás.
Um passo pra frente.
Um passo para o lado.
Uma voltinha...,

- o professor deverá dizer, em voz alta, até que o aluno internalize os passos:

Pra frente, pra trás, voltou, andou.
Pra frente, pra trás, voltou, virou...,

- deixar que cada um siga o seu próprio ritmo,
- terminada a dança, o professor deverá dividir os alunos em grupos e desenvolver uma oficina de trabalho com a seguinte reflexão:

> O que os passos da dança têm que ver com o que você vive no seu dia a dia?

e) Sistematização: o professor poderá sistematizar a oficina, dizendo que mudar faz parte do desenvolvimento humano, por isso temos que aprender com os erros que se transformam em experiência. Quando há mudança, cada dia é um novo dia e podemos escolher nos tornar uma pessoa melhor.

Reflexão: "Passos para se tornar um Ser Humano melhor"

a) Objetivos: exercitar a disciplina no dia a dia;
b) Procedimento didático: reflexão;
c) Recurso material: texto para reflexão;
d) Desenvolvimento:
- explicar o objetivo do texto abaixo,
- pedir que façam a primeira leitura em silêncio,
- pedir que algum aluno leia em voz alta,
- pedir que comentem sobre o texto a seguir.

Tornando-me um Ser Humano melhor

1. Definir objetivos. Saber o que se quer para ser um ser humano melhor e querer melhorar.
2. Ter autodisciplina (disciplinar-se em função dos objetivos).
3. Dominar o comodismo (fazer um rol das coisas que precisa vencer).
4. Tentar passar por cima do cansaço, recomeçar, não desistir.
5. Parar de mentir para si próprio.
6. Tomar iniciativa, não esperar muito.
7. Fazer, assumir, não se omitir.
8. Concentrar toda energia naquilo que se quer alcançar.
9. Viver o presente.
10. Fazer hoje o que é necessário.
11. Exigir qualidade nos relacionamentos pessoais.
12. Admitir os erros.
13. Buscar autoestima, autoconhecimento, autorrespeito (quem não se respeita, não tem respeito dos outros).
14. Decidir o que é melhor em cada fase da vida.

5.3 Músicas para reflexão

Vários autores, com muita propriedade, têm dado uma profunda contribuição sobre o ser e estar no mundo. Trazem uma reflexão profunda sobre a visão de mundo e da natureza humana, reflexão esta que pode dar grande contribuição ao crescimento pessoal do aluno.

Música 1: "Como uma onda"

a) **Objetivo:** contribuir para uma reflexão sobre contradição e mudança;
b) **Procedimento didático:** interpretação de texto e reflexão;
c) **Recursos materiais:** som potente e xerox da letra da música;
d) **Desenvolvimento:**
- explicar o objetivo da atividade,
- pedir a um aluno, com boa voz e entonação, que leia o texto,
- colocar a música no som e pedir para todos cantarem,
- dividir a turma em grupos,
- dar questões para serem discutidas (ver Oficina de Trabalho anexa),
- abrir uma plenária,
- apresentar a reflexão.

Como uma onda

Lulu Santos e Nelson Motta

Nada do que foi será,
De novo do jeito que já foi um dia!
Tudo passa, tudo sempre passará.

A vida vem em ondas como um mar,
Num indo e vindo infinito.

Tudo que se vê não é
Igual ao que a gente viu há um segundo,
Tudo muda o tempo todo, no mundo.

Não adianta fugir,
Nem mentir, pra si mesmo.

Agora,
Há tanta vida lá fora, aqui dentro
Sempre como uma onda no mar!

Como uma onda no mar!
Como uma onda no mar!
Como uma onda no mar!
Como uma onda no mar.

Oficina de trabalho

Grupo 1
– Em que momento da música o autor fala em mudança?

Grupo 2
– Como vocês definiram a frase: "Tudo o que se vê não é".

Grupo 3
– Reflitam sobre o tópico: "Não adianta fugir, nem mentir pra si mesmo. Agora, há tanta vida lá fora! Aqui dentro [...]".

Grupo 4
– Faça uma relação da mudança com as ondas do mar.

Grupo 5
– Represente, por meio de um desenho, o que a música "Como uma onda" passa para você.

Música 2: "Tocando em frente"

a) Objetivo: contribuir para uma reflexão de como as experiências de vida contribuem para o nosso amadurecimento pessoal;
b) Procedimento didático: interpretação de texto e reflexão;
c) Recursos materiais: som potente e xerox da letra da música;
d) Desenvolvimento:
- explicar o objetivo da atividade,
- pedir a um aluno, com boa voz e entonação, que leia o texto,
- pôr a música no som e pedir para todos cantarem,
- dividir a turma em grupos,
- dar as questões para serem discutidas (ver Oficina de Trabalho anexa),
- abrir uma plenária,
- apresentar a reflexão dos grupos.

Tocando em frente

Almir Sater e Fernando Teixeira

Ando devagar porque já tive pressa,
E levo esse sorriso porque já chorei demais.
Hoje me sinto mais forte, mais feliz quem sabe...
Só levo a certeza de que muito pouco eu sei. Que nada sei...

Conhecer as manhas e as manhãs,
O sabor das massas e das maçãs.
É preciso amor para poder pulsar.
É preciso paz para poder sorrir.
É preciso chuva para florir.

Penso que cumprir a vida seja, simplesmente,
Compreender a marcha e ir tocando em frente
Como um velho boiadeiro levando a boiada,
Eu vou tocando os dias pela longa estrada eu vou,
Estrada eu sou.

Todo mundo ama um dia, todo mundo chora.
Um dia a gente chega, no outro vai embora!
Cada um de nós compõe a sua história
E cada ser em si carrega o dom de ser capaz, de ser feliz.

Oficina de trabalho

Grupo 1
– O que o autor quer dizer:

"Hoje me sinto mais forte, mais feliz quem sabe...
Só levo a certeza de que muito pouco eu sei. Que nada sei..."

Grupo 2
– O que o autor quer dizer com:

"Penso que cumprir a vida seja, simplesmente,
Compreender a marcha e ir tocando em frente."

Grupo 3
– O que o autor quer dizer com:

"Todo mundo ama um dia, todo mundo chora.
Um dia a gente chega, no outro vai embora!
Cada um de nós compõe a sua história
E cada ser em si carrega o dom de ser capaz, de ser feliz."

Música 3: "O que é, o que é"

a) **Objetivo:** contribuir para uma reflexão sobre a beleza e as contradições da vida;
b) **Procedimento didático:** interpretação de texto e reflexão;
c) **Recursos materiais:** som potente e xerox da letra da música;
d) **Desenvolvimento:**

- explicar o objetivo da atividade,
- pedir a um aluno, com boa voz e entonação, que leia o texto,
- pôr a música no som e pedir para todos cantarem,
- dividir a turma em grupos,
- dar questões para serem discutidas (ver Oficina de Trabalho anexa),
- abrir uma plenária,
- apresentar a reflexão dos grupos.

O que é, o que é.

Gonzaguinha

Eu fico com a pureza da resposta das crianças,
É a vida! É bonita e é bonita.
Viver e não ter a vergonha de ser feliz.
Cantar, e cantar, e cantar.
A beleza de ser um eterno aprendiz.

Ah! Meu Deus, eu sei, eu sei...
Que a vida devia ser bem melhor e será
Mas isso não impede que eu repita.
É bonita! É bonita, e é bonita.

E a vida?
E a vida o que é, diga lá, meu irmão,
Ela é a batida de um coração?
Ela é uma doce ilusão? Ê...Ô...
Mas e a vida!
Ela é maravilha ou é sofrimento?
Ela é alegria ou lamento?
O que é, o que é, meu irmão?

Há quem fale que a vida da gente é um nada no mundo.
É uma gota, é um tempo que nem dá um segundo.
Há quem fale que é um divino mistério profundo.
É o sopro do Criador,
Numa atitude repleta de amor.
Você diz que é luta e prazer,
Ele diz que a vida é viver!
Ela diz que melhor é morrer,
Pois amada não é, e o verbo é sofrer.

Eu só sei que confio na moça,
E na moça eu ponho a força da fé.
Somos nós que fazemos a vida
Como der, ou puder ou quiser...

Sempre desejada, por mais que esteja errada,
Ninguém quer a morte,
Só saúde e sorte.

E a pergunta roda,
E a cabeça agita.
E eu fico com a pureza da resposta das crianças.
É a vida, é bonita e é bonita.

Viver e não ter a vergonha de ser feliz.
Cantar, e cantar, e cantar.
A beleza de ser um eterno aprendiz.
Ah! Meu Deus, eu sei, eu sei...
Que a vida devia ser bem melhor e será.
Mas isso não impede que eu repita
É bonita! É bonita, e é bonita.

Oficina de trabalho

Grupo 1
– Reflita sobre o seguinte tópico:
"Cantar a beleza de ser um eterno aprendiz."

Grupo 2
– Refletir sobre o seguinte tópico:
"Mas e a vida!
Ela é maravilhosa ou é sofrimento?
Ela é alegria ou lamento?
O que é, o que é, meu irmão?"

Grupo 3
– Reflitir sobre o seguinte tópico:
"Há quem fale que a vida da gente é um nada no mundo.
É uma gota, é um tempo que nem dá um segundo.
Há quem fale que é um divino mistério profundo.
É o sopro do Criador,
Numa atitude repleta de amor."

Grupo 4
– Refletir sobre o seguinte tópico:
"Viver e não ter a vergonha de ser feliz.
Cantar, e cantar, e cantar.
A beleza de ser um eterno aprendiz.
Ah! Meu Deus, eu sei, eu sei...
Que a vida devia ser bem melhor e será.
Mas isso não impede que repita
É bonita! É bonita, e é bonita."

e) Sistematização: as oficinas poderão ser sistematizadas com a seguinte reflexão:

Viver é lutar pela felicidade, sem vergonha de ser feliz.
O importante é ter a pureza de uma criança, que acredita
na vida e não vê entraves à sua felicidade.

Sugestão de atividade: Dinâmica "Coquetel de Ideias"

a) Objetivo: contribuir para uma profunda reflexão sobre a visão de mundo e da natureza humana;

b) Procedimento didático: reflexão;

c) Recursos materiais: som potente, xerox da letra das músicas: *Como Uma Onda, Tocando em Frente* e *O que é, o que é.*;

e) Desenvolvimento:

- explicar o objetivo da atividade,
- pedir a três alunos que tenham boa voz e entonação que leiam o texto das três músicas,
- pôr as músicas no som e pedir para todos cantarem,
- dividir a turma em grupos,
- dar para cada grupo a letra das três músicas para serem analisadas (ver Oficina de Trabalho anexa),
- entregar o instrumental para registro,
- abrir uma plenária,
- apresentar a reflexão dos grupos.

Oficina de trabalho

Indique nas músicas recebidas a mensagem que têm em comum:

Como uma onda	Tocando em frente	O que é, o que é

5.4 Falando do Autoconhecimento

O que nos faz únicos é a consciência do nosso eu. É o conhecimento que temos de nossas motivações, dúvidas, traumas, desejos, amores, dores e dissabores. É isso que nos define como pessoa humana. E mais que isso: precisamos aceitar que todas essas coisas que nos definem estão sempre mudando. **Não somos estáticos.** Existe uma fala muito feliz de John Powell, em seu livro *Por que tenho medo de lhe dizer quem sou,* que diz: "Ser pessoa implica num processo dinâmico. Se você me conheceu ontem, por favor, não pense que sou a mesma pessoa que você encontra hoje. Experimentei mais da vida, encontrei novos sentimentos naqueles a quem amo, sofri, rezei, e estou diferente". Essa é uma grande descoberta, a possibilidade de que podemos mudar. É dessa consciência que começamos a nos perdoar, e a perceber que nos revelamos a cada manhã, que somos tão novos quanto o próprio dia.

5.4.1 Sugestão para atividades

Dinâmica: "De 1 a 10"

a) **Objetivos:**
- contribuir para que o aluno faça uma reflexão de sua caminhada,
- proporcionar situações de autoavaliação;

b) **Procedimento didático:** dinâmica de grupo;

c) **Recurso material:** instrumental de dinâmica;

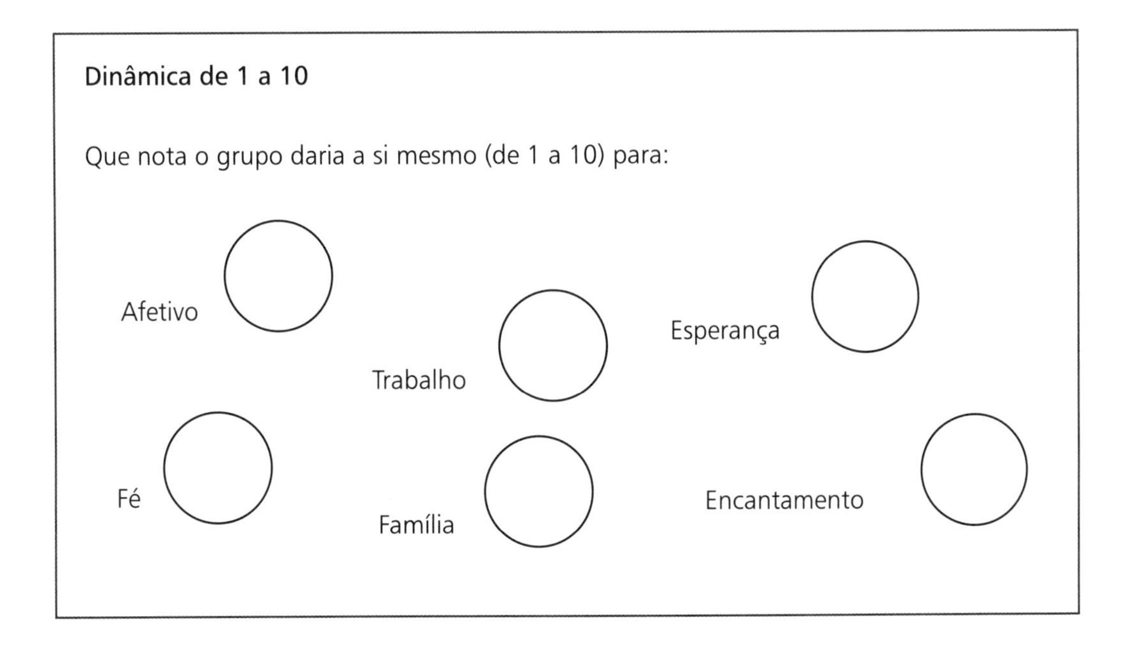

d) Desenvolvimento:
- falar dos objetivos da dinâmica,
- dividir a turma em grupos,
- eleger um coordenador e um relator,
- dar cinco minutos para cada um preencher o seu instrumental,
- dar vinte minutos para a discussão em grupo,
- abrir uma plenária,
- apresentação dos grupos.

e) Sistematização: é preciso sempre saber como estamos como pessoa humana, para podermos definir no que queremos nos tornar.

Dinâmica: "Incluir, Excluir, Conservar"

a) Objetivos:
- contribuir para que o aluno faça uma reflexão de atitudes que quer incluir ou excluir em sua vida,
- proporcionar situações de autoavaliação;

b) Procedimento didático: dinâmica de grupo (ver quadro abaixo);

c) Recurso material: instrumental de dinâmica;

d) Desenvolvimento:
- falar dos objetivos da dinâmica,
- dividir a turma em grupos,
- eleger um coordenador e um relator,
- dar cinco minutos para cada um preencher o seu instrumental,
- vinte minutos para discussão em grupo,
- abrir uma plenária,
- apresentação dos grupos;

Oficina de trabalho

– O que você excluíria, incluíria ou conservaria em sua vida?

Excluir	Incluir	Conversar

e) Sistematização: o professor poderá sistematizar a dinâmica, dizendo: "A primeira coisa para termos consciência de nós mesmos é saber como estamos para poder definir aonde queremos chegar. Não importa aonde já chegamos, mas sim saber para onde estamos indo. E saber, sobretudo, que viver com objetivo é viver com a consciência de que somos e do que queremos. Se as coisas não estão bem, nós sempre podemos escolher mudar o resultado.

Dinâmica: Morada Humana

a) Objetivo: Desenvolver estratégias para utilizar o corpo humano como recurso para avaliação pessoal

b) Procedimento Didático: dinâmica de grupo

c) Recurso material: Instrumental da dinâmica Paralelo Da Morada Humana

d) Desenvolvimento:

- o autoconhecimento constitui caminho seguro para uma melhor interação social do aluno na comunidade escolar e em sua própria comunidade,
- explicar os objetivos da dinâmica,
- desenvolver a dinâmica,
- dizer que esta técnica é composta de 02 (dois) momentos distintos:

1º MOMENTO

- dividir os alunos em grupo de acordo com o número de participantes
- pedir ao grupo para se imaginar como sendo uma morada
- iniciar a dinâmica com a seguinte fala:

– Localize dentro de você onde estão: a sala, quarto, cozinha, banheiro dentro da tabela abaixo.

Paralelo da Morada Humana	
Aspectos Físicos	Aspectos Psicológicos
Quarto	Eu comigo: minhas reflexões mais íntimas
Sala	Eu com ou outro: meus relacionamentos interpessoais
Banheiro	Planejamento mental: cuidado, higiene, seleção de pensamentos e sentimentos
Cozinha	Alquimia e encantamento: transformação do sal em sabor essencial para a vida

2º MOMENTO

- construir um painel com uma figura humana, localizando segundo critério do grupo: sala, quarto, cozinha, banheiro
- estabelecer gancho entre as divisórias escolhidas com os seguintes aspectos:

Engenharia Interior

Por que escolhi esta parte do corpo para ser o quarto?
Como gosto de meu quarto?
Quem eu levo em meu quarto para conversar?

Por que escolhi esta parte do corpo para ser a cozinha?
Para que serve a cozinha?

Por que escolhi esta parte do corpo para ser o banheiro?
Como gosto do meu banheiro?
Por que escolhi esta parte de meu corpo para ser a sala?
Quem recebo na minha sala?

e) **Sistematização:** É sempre necessário estarmos fazendo uma autoavaliarão: quem somos? Onde estamos? Aonde queremos chegar, qual a nossa potencialidade? Esta é uma característica importante para a nossa caminhada. Agindo dessa forma, tendemos a evitar a repetição de erros, refletindo e analisando a nós mesmos é que poderemos encontrar a paz interior, nos levando à clareza de nossas confusões mentais. Nunca é tarde para iniciar o autoconhecimento!

5.5 Conceituando Inteligência e Vontade

O ser humano tem duas coisas que o caracterizam e o distinguem dos outros animais: a inteligência e a vontade.

A inteligência tem grande importância em nossa cultura, temos a inteligência como um grande atributo do ser humano. Toda mãe quer ter um filho inteligente, sempre queremos conviver com pessoas inteligentes. E todos nós conhecemos alguma pessoa inteligente que podemos citar.

A vontade: o ser humano é um ser inteligente que usa da vontade. **A liberdade é um atributo da vontade, não da inteligência.**

O desenvolvimento da inteligência só é possível pela via da vontade, e aí é preciso saber querer. Todas as pessoas que alcançaram o sucesso foram pessoas que quiseram muito, pessoas determinadas, pessoas de muita vontade.

Ninguém é livre nem inteligente no seu passado, da mesma maneira que o futuro não nos pertence, seja um minuto à frente, uma semana, um ano também não nos pertence. Portanto, não adianta viver se culpando pelo passado e com ansiedade pelo futuro, pois nós só existimos no momento presente, aqui e agora. Assim sendo, algumas coisas decorrem desse conceito.

Só temos tempo para fazer uma coisa de cada vez: o essencial. **Fazer o essencial é concentrar toda a inteligência e toda a vontade no momento presente, é querer viver o momento presente.**

5.5.1 Sugestão para atividades

Dinâmica: "Painel Ideológico"

a) **Objetivos:**

- contribuir para que o aluno faça uma reflexão sobre como a vontade tem papel importante em nossa vida,
- contribuir para que o aluno faça uma reflexão de como a inteligência está aliada à vontade,
- proporcionar situações de autoavaliação;

b) **Procedimento didático:** dinâmica de grupo (ver quadro);

c) **Recursos materiais:** jornais e revistas usados, papel pardo ou cartolina, tesoura, cola, durex colorido, instrumental de orientação das oficinas de trabalho;

d)**Desenvolvimento:**

- falar dos objetivos da dinâmica,
- dividir a turma em seis grupos,
- eleger um coordenador e um relator,
- dividir as questões pelos grupos,
- dar dez minutos para discussão em grupo,
- dar trinta minutos para a elaboração do painel,
- abrir uma plenária,
- apresentação dos grupos.

Oficina de Trabalho

Usando jornais e revistas, vocês vão construir em papel pardo um painel com as ideias do grupo sobre inteligência e vontade.
A oficina de trabalho será desenvolvida em seis grupos que vão trabalhar os seguintes temas:

Grupo 1 – *Motivação,*
Grupo 2 – *Características do ser humano,*
Grupo 3 – *Aprendizados da vontade,*

Grupo 4 – *Objetivos de vida,*
Grupo 5 – *Trilha de convicções que nos fazem caminhar,* e
Grupo 6 – *Solidariedade.*

Grupo 1
Motivar significa ter motivos, razões para fazer ou deixar de fazer algo.

- Diante disso, o grupo deverá apresentar um painel que demonstre o que motiva o ser humano.

Grupo 2
Pesquisadora do comportamento humano, Sônia Evaristo de Souza definiu duas características fundamentais no homem: a inteligência e a vontade.

- Tarefa do grupo: demonstre os aprendizados que são frutos da vontade.

Grupo 3
Muitos dos especialistas do comportamento humano dizem que vivemos 75% do nosso tempo preocupados com as coisas que se referem ao passado, querendo voltar ao tempo. Dizem, ainda, que ficamos 20% do tempo preocupados com o futuro, planejando, programando e, muitas vezes, sonhando, vivendo coisas imagináveis. De tudo isto, restou 5% para o presente.

- Tarefa para o grupo: represente num painel ideológico como será a vida se ela não for baseada no presente.

Grupo 4
Mais uma vez, Sônia Evaristo de Souza diz que o que fazemos na vida se classifica ou se divide em três itens:
– o essencial: aquilo que devemos fazer imediatamente. É o que vai me levar a determinar objetivos de vida;
– o importante: aquilo que devo fazer depois que tiver feito o essencial;
– o acidental (o que se faz sem planejamento): aquilo que devo fazer depois do importante e do essencial.

- Tarefa do grupo: usando da criatividade, o grupo vai demonstrar os dados acima num painel ideológico.

Grupo 5
Ninguém no mundo é uma linha reta. Nem todos os dias estamos felizes. Somos essencialmente variáveis. É preciso, por meio da inteligência e da vontade, buscar um equilíbrio que dê sustentação ao nosso caminhar.

- Tarefa do grupo: criar uma trilha de convicções que possa nortear sua caminhada.

Grupo 6
Precisamos fazer com que estas duas palavras, inteligência e vontade, sejam aliadas. Deixe que a inteligência desperte a vontade e use-a como algo explosivo. Faça agora aquilo que você não fez há um minuto atrás. Busque fazer com que sua vida venha a ser melhor e que as pessoas que o rodeiam sejam beneficiadas.

- Como fazer para que dentro da escola vocês sejam de alguma forma ponte na vida de seu próximo?
- Demonstre este fazer por meio de um painel ideológico.

Simulação: "Amanhã pode ser tarde"

a) Objetivos:

• contribuir para que o aluno faça uma reflexão sobre o momento presente,

• contribuir para que o aluno faça uma reflexão sobre coisas essenciais que deve fazer no aqui e agora,

• proporcionar situações de autoavaliação;

b) Procedimento didático: reflexão;

c) Recurso material: xerox do texto "Amanhã pode ser tarde";

Amanhã pode ser tarde

Autor desconhecido

Ontem? Isso faz muito tempo...
Amanhã? Não nos cabe saber...
E amanhã pode ser tarde.
Amanhã pode ser muito tarde:
Para você dizer que ama, para você dizer que perdoa.
Para você dizer que desculpa, para você dizer que quer tentar de novo...
Amanhã pode ser muito tarde, para você pedir perdão,
Para você dizer desculpe-me, o erro foi meu.
O seu amor amanhã pode ser inútil,
O seu perdão, amanhã, pode já não ser preciso.
Sua volta amanhã pode já não ser esperada;
A sua carta amanhã pode não ser lida.
O seu carinho amanhã pode já não ser mais necessário.
O seu abraço amanhã pode já não encontrar o outro braço.
Porque amanhã pode ser tarde, muito tarde...
Não deixe para amanhã para dizer:
– Eu amo você! Estou com saudades de você!
– Perdoe-me! Desculpe-me! Esta flor é para você...
– Você está tão bem!
Não deixe para amanhã:
O seu sorriso, o seu abraço, o seu carinho.
O seu trabalho, o seu sonho, a sua ajuda.
Não deixe para amanhã perguntar:
Por que você está triste? O que há com você?
Venha cá, vamos conversar. Cadê seu sorriso?
Ainda tenho chance? Já percebeu que eu existo?
Por que não começamos de novo?
Estou com você, sabe que pode contar comigo?
Cadê seus sonhos? Onde está sua garra?...
Lembre-se: amanhã pode ser tarde... muito tarde!
Amanhã o seu amor pode não ser preciso,
O seu carinho pode não ser mais preciso;
O seu presente pode chegar tarde;
O seu reconhecimento pode não ser recebido com o mesmo entusiasmo...
Procure! Vá atrás! Insista! Tente mais uma vez!
Só hoje é definitivo.
Amanhã pode ser tarde... muito tarde...

d) Desenvolvimento:

- falar dos objetivos da dinâmica,
- dividir a turma em quatro grupos,
- eleger um coordenador e um relator,
- dar o texto ao grupo para a leitura,
- dar dez minutos para discussão em grupo,
- dar sessenta minutos para que cada grupo vivencie uma situação citada pelo texto,
- abrir uma plenária,
- apresentação dos grupos,
- dar cinco minutos para cada apresentação.

e) Sistematização: o professor poderá sistematizar cantando a música "Epitáfio" ou lendo o texto da música para reflexão.

Epitáfio

Sérgio Britto

Devia ter amado mais,
Ter chorado mais,
Ter visto o sol nascer...
Devia ter arriscado mais
E até errado mais,
Ter feito o que eu queria fazer,
Queria ter aceitado as pessoas como elas são...

O acaso vai me proteger,
Enquanto eu andar distraído.
O acaso vai me proteger
Enquanto eu andar distraído,
Devia ter complicado menos,

Trabalhado menos...
Ter visto o sol se pôr!
Devia ter me importado menos
Com problemas pequenos,
Ter morrido de amor...
Deveria ter aceitado
a vida como ela é.
A cada um cabe a alegria
E a tristeza que vier.
O acaso vai me proteger,
Enquanto eu andar distraído.
O acaso vai me proteger.
Enquanto eu andar distraído.

Reflexão: "Linha de Ação para se viver melhor"

a) Objetivos:

• contribuir para que o aluno faça uma reflexão de algumas ações que poderão tornar melhor o seu dia,

• contribuir para que o aluno faça uma reflexão sobre coisas essenciais que deve fazer no dia a dia,

• proporcionar situações de autoavaliação;

b) Procedimento didático: reflexão;

c) Recurso material: xerox do texto "Linha de ação para se viver melhor";

d) Desenvolvimento:

• falar dos objetivos da dinâmica,

• dividir a turma em quatro grupos,

• eleger um coordenador e um relator,

• distribuir aos grupos o texto para a leitura,

• dar dez minutos para discussão em grupo,

• dar sessenta minutos para que cada grupo vivencie uma situação citada pelo texto,

• abrir uma plenária,

• apresentação dos grupos;

Linha de Ação para se viver melhor

1. Afaste-se das pessoas negativas.

2. Valorize as ideias positivas.

3. Não reclame e não fale mal dos outros.

5. Cultive a alegria, o riso e o bom humor.

6. Ilumine o ambiente em que vive.

7. Seja alguém sempre pronto para colaborar.

8. Surpreenda as pessoas com momentos mágicos.

9. Faça tudo com sentimento de perfeição.

10. Ande sempre limpo e arrumado.

11. Aja prontamente.

e) Sistematização: ter objetivos definidos de boa convivência é sempre algo seguro para viver melhor o dia a dia.

5.6 Relações Interpessoais: Falando dos Relacionamentos

Onde se encontra mais de uma pessoa há realmente problemas de relacionamento, porque cada pessoa é imprevisível e vulnerável.

Na verdade, nenhum de nós deseja viver uma mentira, uma fraude. Fica claro que desejamos amar uns aos outros e superar a solidão compartilhando nosso dia a dia. Porém não encontramos ainda a dinâmica daquilo que faz com que os relacionamentos funcionem em paz e alegria. Todos os dias convivemos com pessoas que podem afetar nosso bem-estar e influenciar nosso papel na sociedade e na família. Um bom modo de entender a convivência com os outros é nos fazer o seguinte questionamento: "Se eu morasse numa mesma casa com o meu clone, daria certo?" Se a resposta for negativa, podemos pressupor que, se é difícil conviver conosco mesmos, como será então conviver com os outros?

Vamos agora nos imaginar no nosso dia a dia: será que não somos reclamadores demais, arrogantes demais, indelicados demais, apontadores de defeitos demais, com pouco calor, pouca ternura? Condenando, mandando, ridicularizando e, mesmo assim, enxergando-nos como exemplos de pessoas?

O que faz as relações interpessoais fracassarem não são os grandes problemas, mas uma série de pequenas coisas que, acumuladas durante o período de convivência, acabam por nos tirar o sossego: pequenas falas, comentários impensados, pequenos atos cruéis, faltas de consideração. Por exemplo: ele sempre me interrompe quando eu estou falando; ela não consegue tomar decisões; ela larga tudo por onde passa; ele nunca fecha uma gaveta ou armário; ela tem mania de organização; ela tem mania de perfeição; ela fala o tempo todo; ele chega atrasado; ela nunca diz coisas importantes; ela faz as coisas de qualquer jeito; ela só fala de tragédias; ela adora fofocas; ele não valoriza o meu trabalho; ele nunca elogia, etc.

Como veem, não são os ambientes que transformam as pessoas, são as pessoas que transformam os ambientes.

Viver é conviver. Condicionamos nossa felicidade à mudança pessoal daqueles que nos incomodam. Mas na realidade, para que convivamos melhor, não temos que mudar o que somos, mas aquilo que fazemos. Na maioria das vezes, a solução está em entender o outro.

5.6.1 Entendendo o Outro

A palavra entender tem prefixo "**in**" que dá sentido de entrar, e "**tendere**" (dirigir-se), de onde se origina a palavra tenda. Entender é entrar na tenda. Normalmente, são os ciganos e beduínos que moram em tendas, onde não se tem nenhuma divisória.

Não há quartos, sala ou cozinha. Quando se entra nela, logo se vê tudo que está no seu interior. Logo se percebe se o proprietário é rico, ou pobre; se é bem ou mal organizado; porque não há nada escondido. Tudo está à vista. Não há segredos. Bem diferente de uma casa com quartos, salas, cozinha, banheiro. Tudo normalmente fica fechado. Por isso, ao entrar num dos cômodos de uma casa, não se sabe o que há nos outros. Algo parecido acontece em relação às pessoas. Eu só posso dizer que "entendo" o outro, quando eu "entro em sua tenda". Na sua tenda está toda a sua história passada: marcas, traumas, carências, medos, inseguranças e toda uma herança genética.

É por isso que "ninguém pode entender o outro, sem antes entrar em sua tenda", mas só podemos partilhar da intimidade do outro se merecermos sua confiança por nossa lealdade e sinceridade.

5.6.2 Sinceridade

Antigamente, quando os escultores concluíam uma obra de arte, especialistas avaliavam se ela era verdadeira ou não. Analisavam a escultura, verificando se era feita de um único bloco (de uma única pedra ou madeira), ou se havia emendas, como, por exemplo, dos braços, cabeça ou outras partes.

Na época, as diferentes partes da escultura eram "coladas" com cera. Após análise, os especialistas diziam se havia cera ou não.

Daí provém a palavra sincero, que significa íntegro, puro, autêntico, único, verdadeiro e muito resistente. Quando esquentavam, muitas dessas esculturas emendadas com cera se desmontavam. Algo parecido acontece conosco em nossos relacionamentos. Pela convivência, nossas ceras vão aparecendo, pelas nossas incoerências, duplicidades, falta de autenticidade. Daí, a necessidade muito grande de alguém mostrar as nossas ceras. Dois grandes teóricos, Joseph Luft e Harry Inghan, preocuparam-se em estudar as ceras humanas por meio das áreas da personalidade. Então, criaram a janela de JOHARI com o objetivo de estudar o comportamento humano.

A Janela de Johari

Luft e Harry Inghan dividiram a nossa personalidade em quatro janelas: Eu aberto, Eu cego, Eu secreto, Eu desconhecido.

Eu aberto: constitui o nosso comportamento em muitas atividades, conhecido por nós e por qualquer um que nos observa. Essa área se limita àquilo que mostramos para as pessoas, tais como nossas características, nossa maneira de falar, nossa atitude geral, algumas de nossas habilidades, etc.

Eu cego: representa nossas características de comportamento que são facilmente percebidas pelos outros, mas das quais, geralmente, não estamos cientes; por exemplo: alguma manifestação nervosa, nosso comportamento sob tensão, nossas reações agressivas, nossas mentiras, fofocas, nosso desprezo por aqueles que discordam de nós.

Eu secreto: representa as coisas sobre nós mesmos que conhecemos, mas que escondemos dos outros, são as nossas ceras.

Eu desconhecido: inclui coisas que não estamos cônscios, e das quais nem os outros o estão. Memórias de infância, potencialidades latentes, etc.

Conhecidos pelo eu	Desconhecidos pelo eu
Eu aberto	Eu cego
Eu secreto	Eu desconhecido

5.6.3 Sugestão de atividades

Dinâmica: "O Eu Cego"

O Eu Cego é uma importante área da nossa personalidade que precisa muito ser trabalhada. Normalmente não temos consciência de como nosso comportamento está afetando as outras pessoas, e em pouco tempo de convivência, todos os papéis e jogos usados num relacionamento vão sendo percebidos pelo grupo. As dinâmicas a seguir vão permitir essa reflexão e evidentemente será uma nova experiência para mudança de comportamento.

a) Objetivos:

- exercitar a observação de si mesmo,
- observar como o meu comportamento está afetando o outro;

b)Recurso didático: dinâmica de grupo "O Eu Cego";

c) Recurso material: instrumental da dinâmica;

d) Desenvolvimento:

- explicar o objetivo da dinâmica, que é de treinar nossa percepção de como os outros nos veem,
- repartir o texto para os alunos,
- pedir que o leiam e façam o estudo do texto,
- abrir uma plenária,
- perguntar como cada um se sente ao analisar como o outro o vê;

Tem Gente

Tem gente que se acha **sempre certo**
Adora uma discussão
Só sua opinião prevalece
Para ele, ninguém tem razão.

Tem gente que é **do bem**
Não briga, nem quer confusão.
Vive em paz com toda turma
De todos é amigão.

Tem gente que é **sensível**
Só pensa com o coração
Vive pelos cantos reclamando
Pois sempre acredita que as pessoas
Estão magoando.

Tem gente que é **otimista**
Para tudo vê solução
Aconselha toda turma a
Ter vontade e determinação.

Tem gente que é só **vaidade**
Para o espelho vive sempre olhando.
Para ver se sua aparência
Realmente está agradando.

Tem gente que é **dinâmico**
Sempre disposto a colaborar
Em qualquer festividade
É com ele que se pode contar.

Tem gente que é **valentão**
Só pensa mesmo em brigar
É o único jeito que encontra
Para o respeito ganhar.

Tem gente que é **colaborador**
Sempre pronto para ajudar
O colega com dificuldade
Com ele pode contar.

Tem gente que dá uma de **palhaço**
Para ter reconhecimento e atenção
Pensa que para alguém lhe notar
Tem que sempre o bobo bancar.

Tem gente que é só **alegria**
Está sempre com um sorriso
Para o astral melhorar
É só perto dele ficar.

Tem gente que é **competidor**
Tudo transforma em disputa
Passa por cima de qualquer um
Para conseguir o que busca.

Tem gente que é **conformista**
Parece que vive a esmo
Sempre com a cabeça abanando
Dizendo é isso mesmo.

Tem gente que é **bajulador**
Quer do lado dos fortes ficar
Vive dando agradinhos
Para deles a simpatia ganhar.

Tem gente que é **sonhador**
A cabeça gira que nem pião
Vive num mundo de fantasias
Nunca põe o pé no chão.

Tem gente que é **fofoqueiro**
Tem grande potencial
Mas usa sua habilidade
Só pra fazer o mal.

Tem gente que é **indeciso**
Nunca sabe o que quer
Muda sempre de opinião
Pois de nada tem convicção.

Os outros me veem como:	X
Sempre certo	
Do bem	
Sensível	

Otimista	
Vaidoso	
Dinâmico	
Valentão	
Estudioso	
Alegre	
Palhaço	
Competidor	
Conformista	
Bajulador	
Sonhador	
Fofoqueiro	
Nenhum dos ítens acima	

e) Sistematização: normalmente, não conseguimos perceber o quanto um procedimento nosso afeta uma pessoa ou um grupo. O professor deve aproveitar esse momento de reflexão para que o aluno se autoavalie buscando novas formas de comportamento. Poderá ainda usar o texto abaixo para reflexão.

Sugestão para reflexão

Mas olhe só, minha gente,
Quem se acha **sempre certo** deve entender,
Que ninguém é dono da verdade,
Que cada um tem seu jeito de pensar
E que ele tem que saber isso aceitar.

Da mesma forma **o sensível** a antipatia vai angariar.
Pois é difícil perto de alguém ficar,
Que por qualquer coisa pode se magoar.

Do **vaidoso**, muito cedo,
As pessoas com ele deixarão de conviver,
Pois de nada adianta um rostinho bonito
Que só bobagens sabe dizer.

Do **valentão** todos querem distância,
Pois ninguém vive só para brigar.
Um dia quando ele se assustar,
Sem um amigo vai estar.

O **palhaço** tem só que perceber
Que ele tem qualidades, que bobo não precisa parecer.
Basta ser ele mesmo,
Para os outros de suas qualidades convencer.

O **conformista** sozinho vai ficar.
Pois é muito desagradável
Perto de um pessimista estar,
Que fica da má sorte falando
E assentado esperando
A vida melhorar.

Se o **sonhador** os pés no chão não colocar,
Ele vai se machucar.
Todos seguirão os seus caminhos,
E ele sozinho ficará a sonhar.

O **fofoqueiro**, coitado, vai continuar suas fofocas contando.
Todos já sabem de seu jogo, e a ninguém está mais enganando.

O **indeciso** tem que procurar se posicionar
Por não dar contribuição,
Pois pelo grupo será ignorado
Por não ter firmeza e participação,

Se você, meu amigo, conseguiu em algum tipo se enquadrar,
Reflita um pouquinho, e tente seu comportamento mudar.

5.7 *Feedback*

Feedback é um termo da eletrônica que significa realimentação: "qualquer procedimento em que parte do sinal de saída de um circuito é injetado no sinal de entrada, para ampliá-lo, diminuí-lo ou controlá-lo". Num processo de desenvolvimento pessoal, o termo *feedback* é usado como comunicação a uma pessoa ou grupo de como sua atuação está afetando outras pessoas. *Feedback* ajuda o indivíduo (ou grupo) a melhorar seu desempenho pessoal e se ajustar no meio em que vive.

Para que possamos mostrar a alguém como o seu comportamento está nos afetando, temos de dar um depoimento verdadeiro. Porém não é fácil dar e receber *feedback*. É muito difícil dizermos ao outro suas deficiências como também aceitar que o outro aponte nossas deficiências, admiti-las para os outros. Muitas vezes, em lugar de admiti-las, agimos defensivamente. Temos que realmente criar atitude de reconhecer algumas características de nossa personalidade que afetam as pessoas que convivem conosco.

Seguem abaixo algumas formas de *feedback* que amenizam as relações interpessoais.

a) Descritivo ao invés de avaliativo: apenas o relato do evento, isso reduz a necessidade de a pessoa reagir defensivamente. Por exemplo: "Hoje vi quando você gritou com a Marilda." E não: "Hoje vi o quanto foi grosseira com a Marilda";

b) Específico ao invés de geral: quando você diz a alguém que ele é dominador, isso tem menos significado do que indicar seu comportamento em determinada ocasião: "Nesta reunião você fez como costuma fazer outras vezes, você não ouviu a opinião dos demais e fomos forçados a aceitar sua decisão para não receber suas críticas exaltadas";

c) Compatível com as necessidades (motivações) de ambos, comunicador e receptor: isso pode ser altamente destrutivo quando satisfaz somente às necessidades do comunicador sem levar em conta as necessidades do receptor;

d) Dirigidos para comportamentos que o receptor possa modificar, pois, em caso contrário, a frustração será apenas incrementada, se o receptor reconhecer falhas naquilo que não está sob seu controle mudar;

e) Solicitado ao invés de imposto: será mais útil quando o receptor tiver formulado perguntas aos que o observam;

f) Oportuno: em geral, o *feedback* é mais útil quanto mais próximo possível do comportamento em questão (no momento em que aconteceu o fato), dependendo, naturalmente, da prontidão da pessoa para ouvi-lo;

g) Esclarecido para assegurar a comunicação precisa: um modo de proceder é fazer com que o receptor repita o *feedback* recebido para ver se corresponde ao que o comunicador quis dizer.

5.7.1 Sugestão de Atividade

Dinâmica: "Grupo de Verbalização x Grupo de Observação"

a) Objetivos:

- exercitar a habilidade de dar *feedback*,
- contribuir para a habilidade da transparência nas relações interpessoais,
- contribuir para a formação de alunos éticos, críticos e criativos;

b) Procedimento didático: Grupo de verbalização x Grupo de observação (ver quadro);

c) Desenvolvimento:

- explicar o objetivo da dinâmica: treinar nossa habilidade de dar *feedback* (dizer o que pensamos a outra pessoa),

- dividir a sala em três grupos: simulação, verbalização e observação,
- dar os casos para cada grupo simular,
- apresentar a simulação,
- o Grupo de Verbalização vai dizer se estavam certas as formas de *feedback*,
- o Grupo de Observação vai sistematizar, dizendo se concordou com o Grupo de Verbalização;

Caso 1– Grupo 1

O grupo 1 vai simular uma cena em que todos estão envolvidos em fazer um baile para conseguir dinheiro para o grêmio estudantil. Mas João contraria o grupo o tempo todo, dizendo que não vai dar certo, que vai dar muito trabalho, que ninguém vai interessar-se, que pode chover, que tudo é muito difícil de se arranjar.

Caso 2 – Grupo 2

O grupo 2 vai simular uma cena de uma reunião na qual discute sobre o novo jornal que irá circular na escola. Mauro que não deu oportunidade de as pessoas falarem, quis ser o centro das atenções o tempo todo. Cortava as falas das pessoas e completava as mesmas interrompendo o que elas iam dizer.

Caso 3 – Grupo 3

O grupo 3 vai simular uma cena na qual Paulo e José se encontram e começam a conversar, porém Paulo interrompe José o tempo todo e sempre se adianta aos comentários dele.

d) Plenária:

- Grupo de Verbalização: a professora faz as seguintes perguntas (ver quadro abaixo) ao Grupo de Verbalização, pedindo-o para opinar sobre cada simulação dizendo a forma de *feedback* a ser dada.

Perguntas

Grupo 1 – Questão: Como o Grupo de Verbalização analisa o comportamento de João e que tipo de *feedback* dará a ele?

Grupo 2 – Questão: Como o Grupo de Verbalização analisa o comportamento de Mauro e que tipo de *feedback* dará a ele?

Grupo 3 – Questão: Como o Grupo de Verbalização analisa o comportamento de Paulo e que tipo de *feedback* dará a ele?

• Grupo de Observação: este grupo vai pontuar se as formas de *feedbacks* foram certas e, se não foram, quais os *feedbacks* mais acertados para aquela situação.

Orientação para o Grupo de Observação

Casos	*Feedback* errado	*Feedback* certo
Caso 1	João, você é sempre negativo, nunca concorda com nada.	João sempre está se opondo a tudo que o grupo está sugerindo hoje.
Caso 2	Mauro, você atrapalha todas as reuniões, por fala mais que todos os colegas.	Mauro, várias vezes você cortou a palavra dos outros antes que acabassem de falar.
Caso 3	Paulo, como você é sem educação, não sabe ouvir.	Paulo, eu ainda não havia acabado de falar quando você cortou minha palavra.

e) Sistematização: para desenvolver a habilidade de descrever comportamentos, temos que aprimorar nossa capacidade de observação. À medida que isto for acontecendo, poderemos também descobrir que muitas das afirmações e conclusões nossas são mais baseadas nos nossos sentimentos de irritação, afeto, insegurança, ciúme, medo ou alegria do que nas evidências.

5.8 Saber Ouvir

A grande vilã das relações interpessoais é a falta de habilidade em ouvir o outro.

Escutar é uma habilidade perdida. O que nos impede de escutar é que, na realidade, não tivemos modelos efetivos de bons escutadores: nossos pais não nos ouviram verdadeiramente, nossos professores não nos ouviram verdadeiramente, nossos amigos não nos ouviram verdadeiramente. Por isso perdemos a capacidade de escutar por imitação. Para que haja comunicação, é preciso duas pessoas: uma fala e a outra escuta. Raramente somos locutores sensíveis. Durante nosso diálogo, estamos pensando no dia de amanhã, no nosso problema, observando a roupa do outro, sua gramática, seus gestos... isso, quando a deixamos falar. Dificilmente acontece o diálogo e a comunicação.

Quando falamos em comunicação interpessoal, podemos pensar em pontes. Criar pontes entre os corações me parece uma maneira simples de compreender a questão. Quanto mais pontes criamos, mais opções teremos por onde transitar, lembrando sempre que cada qual passeia pelas pontes sem aprisionar ninguém em seu "território" e nem abandonar o seu em detrimento do outro. Este ir e vir entre o coração das pessoas é, em verdade, a base do movimento social autêntico. Quando as pessoas convivem dentro deste trânsito, parece haver naturalmente harmonia e entendimento. A conversa é o meio do qual dispomos a nos fazer entender. Possui regras que asseguram um bom desempenho, de modo a facilitar as relações interpessoais. As dinâmicas a seguir pontuam algumas regras que, se apreciadas, poderão melhorar e muito nossas atitudes como ouvintes, buscando sempre uma boa reflexão para o aluno como subsídio a uma mudança de comportamento.

5.8.1 Sugestão de atividades

Sugestão de atividade: "Atitudes de um Bom Ouvinte"

a) **Objetivo:** refletir sobre a habilidade de saber ouvir;
b) **Recurso didático:** reflexão;
c) **Recurso material:** xerox do texto;
d) **Desenvolvimento:**

- explicar o objetivo da dinâmica,
- repartir o texto entre os alunos,
- abrir uma plenária com a pergunta: "Você sabe ouvir?"

Atitudes de um Bom Ouvinte

1. Coloque-se em frente da pessoa com quem fala, olhe-a nos olhos e mostre que ela é importante.

2. Abra seu coração para ouvir o que o outro tem a dizer. Ouça sem julgar ou preconceber. O que uma pessoa fala é importante para ela; não a deprecie dizendo que o que sente é irreal. Se ela sente, é importante, é real.

3. ***Ouça sem interromper.*** Não há nada que irrite mais uma pessoa do que ser interrompida ao falar, além de a pessoa ter que redobrar a atenção para não perder o fio da meada do seu pensamento e do pensamento do outro. Isso faz com que ela acelere a sua fala, levando-a a ficar nervosa, irritada e aborrecida. ***Ninguém nunca lhe disse: "Obrigado por haver me interrompido".***

4. Repita aquilo que o interlocutor está dizendo. Coloque com suas próprias palavras o conteúdo e o sentimento do interlocutor. Isto fará com que ele sinta que está sendo ouvido.

5. Ouça para compreender, e não para responder. Em consequência disso, não prepare resposta enquanto o outro fala.

6. ***Não antecipe o que o outro vai dizer.*** Você vai bloquear o seu pensamento e o seu sentimento, deixando-o nervoso e também irritado.

7. Não se desligue, mesmo que suas convicções estejam abaladas. Lembre-se de que valores são diferentes de pessoa para pessoa.

8. Quando ouvir, distinga fatos de opiniões. Uma coisa é o acontecimento em si (o fato) e outra coisa é sua opinião sobre o fato.

9. Deixe a glória para os outros. Nunca deixe a pessoa perceber que sua história é mais importante que a dela. Nunca dê um exemplo no qual você se torne um foco de atenção, eliminando a importância do que o outro diz.

10. Quem controla uma conversa não é quem fala, é quem escuta.

Estamos todos juntos, mas morrendo de solidão.

Dinâmica: "O Melhor de Mim"

a) Objetivos:
- exercitar a observação das potencialidades de cada um,
- contribuir para a internalização de que todos temos virtudes,
- contribuir para a reflexão de que para nós nos tornarmos um ser humano melhor, é preciso exercitar nossas virtudes,
- contribuir para a formação de alunos éticos, críticos e criativos;

b) Recurso didático: dinâmica "O melhor de Mim";

c) Recurso material: xerox do instrumental;

d) Desenvolvimento:
- pedir a cada aluno que pense naquilo que sabe fazer melhor,
- pedir também que pense em como poderia ajudar alguém com aquilo que sabe fazer melhor,
- registrar a reflexão no quadro abaixo.

O melhor de mim é:	Com o melhor de mim, eu posso ajudar alguém a:

5.9 Exercitando a Solidariedade

Li uma poesia na qual não constava o nome da autora. A única referência que havia sobre ela era a seguinte: "Ela fez o que pôde". Acho que não existe melhor resumo para uma vida bem vivida, uma vida solidariamente vivida. **Ela fez o que pôde.** Mas não fez mais, porque não podia fazer. Mas, e principalmente isso, **não fez menos do que podia fazer**. Solidariedade é isso, é a prática do bem, é não ficar indiferente diante do sofrimento de alguém, não desviar os olhos de quem pede ajuda, é também colocar um sorriso no rosto de alguém.

5.9.1 Sugestão para atividades

Para Casa: "Um exercício de Solidariedade"

a) Objetivo: contribuir para que os alunos exercitem pequenos atos de solidariedade até que eles possam praticá-los em plenitude;

b) Procedimento didático: "Para Casa: um exercício de Solidariedade";

c) Recurso material: xerox do "Para Casa" (ver quadro abaixo);

d) Desenvolvimento:

• explicar o objetivo do trabalho,

• dizer que, durante todo o resto do dia, vão exercitar a solidariedade dentro dos quatro itens dados,

• no dia seguinte, abrir uma plenária e dar para o grupo a seguinte questão: "Como foi cumprir as tarefas do para casa?";

> Hoje terei o máximo de cuidado em tratar os outros.
> Hoje não criticarei ninguém.
> Hoje não falarei mal de ninguém.
> Hoje praticarei uma boa ação.

e) Sistematização: dizer que a solidariedade pode ser exercitada todos os dias, pode-se iniciar com pequenos atos solidários até que nos possamos sentir aptos a fazer coisas maiores.

Filme: "A Corrente do Bem"

a) Objetivos:

• contribuir com uma reflexão sobre solidariedade,

- refletir sobre a postura do professor,
- refletir sobre a postura do aluno;

b) Procedimento didático: audição de filme;

c) Recurso material: filme "A Corrente do Bem";

d) Desenvolvimento:

- explicar o objetivo do trabalho,
- exibir o filme,
- abrir uma plenária,
- debater o filme.

Sinopse

Título Original: Pay It Forward
Gênero: Drama
Tempo de Duração: 115 minutos
Ano de Lançamento (EUA): 2000

Eugene Simonet (Kevin Spacey), um professor de Estudos Sociais, faz um desafio aos seus alunos em uma de suas aulas: que eles criem algo que possa mudar o mundo. Trevor McKinney (Haley Joel Osment), um de seus alunos, é incentivado pelo desafio do professor, cria um novo jogo chamado "Pay it forward", em que, a cada favor que recebe, você retribui a três outras pessoas. Surpreendentemente, a ideia funciona, ajudando o próprio Eugene a se desvencilhar de segredos do passado e também a mãe de Trevor, Arlene (Helen Hunt), a encontrar um novo sentido em sua vida.

Dinâmica: "A Corrente do Bem"

a) Objetivo: criar formas de exercer a solidariedade;

b) Procedimento didático: dinâmica "A corrente do Bem";

c) Recurso material: próprio dos grupos;

d) Desenvolvimento:

- relembrar o filme,
- lançar a ideia de criar na sala a "Corrente do Bem", isto é, para cada favor recebido, a pessoa deverá fazer mais três,
- pedir para debater a ideia em grupo,
- abrir uma plenária,
- debater o assunto,
- marcar o dia para iniciar a campanha,
- avaliar a campanha semanalmente.

Dinâmica: "Somos Milho"

a) **Objetivo:**

• exercitar a observação das potencialidades e deficiência de cada um,

• contribuir para a internalização de que somos diferentes e, como tal, devemos ser respeitados,

• contribuir para a reflexão da aceitação das diferenças individuais como também a autoaceitação,

• contribuir para a formação de alunos éticos, críticos e criativos;

b) **Recursos materiais:** saquinhos com as várias espécies de milho, xerox da mensagem "A lição do Milho";

A Lição do Milho

Hoje aprendi a lição do milho. Há milho de toda espécie, mas tudo é milho. O milho produz conforme é tratado: se lhe retiro o amido, dá maisena; se frito, dá pipoca; se moo, dá farinha de fubá; se cozinho ou asso, é bom para comer; se fica velho, é bom para cavalos ou galinhas.

Mas o milho só produz se é tratado como é devido, na hora certa!

A cada espécie só posso pedir o que pode dar.

Milho comum não dá pipoca. Milho de pipoca não serve para fazer curau. Se não cozinho o milho verde enquanto está verde, fica duro. Se frito o milho verde, não dá pipoca. Se colho o sabugo antes de ele crescer, ele não serve.

Até que ele fique como quero, preciso cuidar dele, dar-lhe o que necessita.

A lição do milho é boa para a convivência humana. É boa para quem sabe amar. Amar é ajudar o próximo a se produzir, a realizar-se.

Não pedir ao milho verde que ele dê pipoca.

Não pedir ao milho imaturo que seja um milho de bom tempo.

Dar ao milho o que precisa para se desenvolver.

Pedir-lhe que dê conforme a sua espécie.

Se estiver bichado, dar-lhe remédio para voltar a ser são.

Então, depois, só depois, pedir-lhe que produza.

c) **Desenvolvimento:**

• explicar o objetivo da dinâmica, que é de perceber nossas diferenças individuais,

• contribuir para a percepção de que todos nós temos potencialidades,

• selecionar em saquinhos diferentes todas as espécies de milho (milho de pipoca, milho para galinhas, milho verde, milho para canjica),

- separar em grupos,
- dar aos grupos as várias espécies de milho para serem analisadas,
- distribuir o texto abaixo para ser lido.

d) Plenária: realizar a plenária buscando a opinião do grupo sobre o texto lido;

e) Sistematização: o professor deverá sistematizar, dizendo que todos temos potencialidades, como também temos nossas diferenças; nunca poderemos dar aquilo que não temos, por isso o dever de respeitarmos a individualidade de cada um sendo solidários às diferenças. Finalizar a sistematização com a música de Roberto e Erasmo Carlos:

> É preciso saber viver
>
> *Erasmo e Roberto Carlos*
>
> Quem espera que a vida
> seja feita de ilusão
> Pode até ficar maluco
> ou morrer na solidão
> É preciso ter cuidado
> Pra mais tarde não sofrer
> É preciso saber viver.
> Toda pedra no caminho
> você pode retirar
> Numa flor que tem espinhos
> você pode se arranhar
> Se o bem e o mal existem
> você pode escolher
> É preciso saber viver.
> É preciso saber viver
> É preciso saber viver
> Saber viver...
> Saber viver...

Dinâmica do Natal

a) Objetivo: Contribuir para que os alunos exercitem atitudes de reconhecimento, amizade e solidariedade;

b) Procedimento didático: Dinâmica de grupo;

c) Recurso material: Uma caixa de bombom;

d) Desenvolvimento:

- esta dinâmica é direcionada para as comemorações de fim de ano. Neste espaço existe uma sede de espiritualidade onde as pessoas têm desejos profundos de viver em comunhão e união com os outros. Ela vem contribuir para o exercício desta espiritualidade e melhorar as relações interpessoais no grupo;

- explicar qual o objetivo da dinâmica para o grupo;
- dizer que o objetivo desta dinâmica é treinar a observação nos nossos relacionamentos diários, isto é, perceber as qualidades das pessoas que convivem diariamente conosco.

O Educador inicia a dinâmica com esta fala:
– Mais uma vez é natal; e mais uma vez aqui estamos reunidos para comemorarmos o amor e a amizade. Agora eu quero pedir ao grupo para nesse momento nomear o(a) colega que considera o mais solidário.
Depois de nomeado o mais solidário o educador vai dizer:

(Fala 1)
O mais solidário
Parabéns; você tem muita sorte. Foi premiado com este presente "Somente o amor e não o ódio é capaz de mudar o mundo".
Mas, este presente ainda não é seu, observe as pessoas aqui presentes e passe este presente para a pessoa que você considera mais **alegre.**

(Fala 2)
O mais alegre
Alegria! Alegria! Pessoas como você transmitem o otimismo e alto astral onde quer que estejam. Parabéns, com sua alegria. Mas, este presente ainda não é seu. Passe este presente a quem você acha que seja **amigo.**

(Fala 3)
O mais amigo
Amizade: "pessoas como você são raras hoje em dia". "Você entra quando todo mundo saí". É você quem ajuda o colega levantar. Parabéns; não perca nunca esta qualidade, ela que faz de você um ser humano inigualável. Mas, este presente ainda não é seu, passe o presente a quem você acha mais **criativo**.

(Fala 4)
O mais criativo
Criatividade; pessoas como você têm um jeito de fazer mais com muito menos. Você é capaz de olhar as mesmas coisas que todos olham e pensar algo diferente. Pessoas como você transformaram o mundo. Mas, este presente ainda não é seu, passe o presente a quem você acha **responsável.**

(Fala 5)
O mais responsável
Responsabilidade: pessoas como você fazem a diferença. Somente os responsáveis são capazes de responder pelos seus atos, pagar pelos seus erros e, sobretudo, cumprir com

suas obrigações. Pessoas como você dão tranquilidade, equilíbrio, confiança e segurança a quem esta ao seu lado. Mas, este presente ainda não é seu, passe o presente a quem você acha mais **atencioso.**

(Fala 6)

O mais atencioso

A atenção é estar presente em todos os momentos: nos aniversários, formaturas, doença, batizados, primeira comunhão. É presença marcante. Pessoas como você nos fazem sentir importantes. Pessoas como você nos fazem acreditar que vale a pena viver. Mas, este presente ainda não é seu, passe o presente a quem você acha **espirituoso.**

(Fala 7)

O mais espirituoso

A pessoa espirituosa não tem necessidade de forçar uma alegria, ela nasce assim. É algo que transcende. Não precisa de palavras... A pessoa espirituosa traz a alegria e a paz dentro de si. Mas, este presente ainda não é seu, passe o presente a quem você acha o mais **sensível.**

(Fala 8)

O mais sensível

Ser sensível é ser no outro, é partilhar. Sensibilidade não é alienação. É saber escutar, ter palavras que acalmam, que amainam, reconfortam. Mas, este presente ainda não é seu, passe o presente a quem você acha **determinado.**

(Fala 9)

O mais determinado

O mais determinado Parabéns! Você leva a sério a sua atuação no mundo, você não se desvia do que se propõe a fazer. Você é daqueles que acreditam que a sorte acontece quando a preparação encontra a oportunidade. Mas, este presente ainda não é seu, passe o presente pra quem você acha mais **corajoso**.

(Fala 10)

O mais corajoso

O mais Corajoso. De todas as virtudes, a coragem é sem dúvida a mais universalmente admirada porque A coragem é a capacidade de superar o medo. Mas, este presente ainda não é seu, passe o presente a quem você acha mais **desprendido**.

(Fala 11)

O mais desprendindo

Desprendimento é um sentimento nobre, exige de nós uma fé inquestionável, a certeza de que o universo nos trará aquilo que desejamos desde que nosso desejo esteja em consonância com as leis divinas e nosso projeto evolutivo. Mas, este presente ainda não é seu, passe o presente a quem você acha mais **honesto.**

(Fala 12)

O mais Honesto

Honestidade exige de nós uma personalidade absoluta. É a escolha do caminho certo apesar de tanta coisa errada.É optar por viver com a consciência tranquila.. Mas, este presente ainda não é seu, passe o presente a quem você acha exemplo de **fortaleza.**

(Fala 13)

O mais Forte

Ser forte é fingir alegria quando não se sente
Ser forte é sorrir quando se deseja chorar
Ser forte é consolar quando se precisa de consolo
Ser forte é calar quando o ideal seria gritar a todos sua angústia
Ser forte é esperar quando não se acredita no retorno
Ser forte é manter-se calmo no desespero
Ser forte é fazer alguém feliz quando se tem o coração em pedaços. Mas, este presente ainda não é seu, passe o presente a quem você acha exemplo de **fidelidade.**

(Fala 14)

O mais Fiel

Ser fiel é uma escolha que não pode depender do outro! É postura pessoal. É escolher ser amigo, escolher doar, é escolher se comprometer mesmo contra tudo e contra todos, é estar presente em todos os momentos. Mas, este presente ainda não é seu passe o presente a quem você acha exemplo de **caridade**.

(Fala 15)

O mais Caridoso

Caridade é um sentimento em extinção. Significa ser capaz de colocar-se no lugar do outro e conseguir sentir a dor que ele sente. Se pudéssemos fazer isso sempre, aposto que as atrocidades da vida diminuiriam consideravelmente. Mas, este presente ainda não é seu, passe o presente a quem você acha exemplo de **verdade.**

(Fala 16)

O mais Verdadeiro

De qualquer maneira, independentemente de qual seja a sua escolha, o fato é que a verdade é sinônima de fidelidade. Ser verdadeiro é, acima de tudo, assumir somente os compromissos que se julga capaz de cumprir. Mas, este presente ainda não é seu, passe o presente a quem você acha exemplo de **alto astral.**

(Fala 17)
O alto astral
Ser alto astral é estar sempre pra cima, é contaminar o ambiente, é não se deixar afetar pelas coisas ruins, é passar a certeza, o otimismo e a confiança. Mas, este presente ainda não é seu, passe o presente a quem você acha exemplo de **dinamismo.**

(Fala 18)
O dinâmico
Uma pessoa dinâmica é aquela que é capaz de tomar iniciativas, tomar decisões, geralmente em pouco tempo. Uma pessoa assim tem atitude, ela não espera que os outros façam por ela. Mas, este presente ainda não é seu, passe o presente a quem você acha que seja **prestativo.**

(Fala 19)
O mais prestativo
Uma pessoa prestativa é aquela que se sente feliz em ajudar, colaborar, servir. Ser prestativo exige doação, muitas vezes fazer do outro nossa prioridade. Pessoas como você, num mundo tão individualista são raras hoje em dia. Mas, este presente ainda não é seu, passe o presente a quem você acha mais **solidário.**

(Fala 20)
O mais solidário
A solidariedade é, sem sombra de dúvidas, a forma maior de expressão do amor. Solidariedade é sentimento nobre. Pessoas como você sempre nos dão a certeza de que não estamos sozinhos. Deus existe através de você. Mas, este presente ainda não é seu, passe o presente a quem você acha mais **generoso.**

(Fala 21)
O mais generoso
Uma pessoa generosa é aquela que faz o bem e não olha a quem. Que se sente melhor em fazer algo pelo outros. Mas, como você é generoso, reparta este presente que você ganhou com todos do grupo.

5.10 Educação e Cuidado

A cada dia mais nos assustam as notícias que chegam por jornais, revistas, rádio e TV dando conta de comportamentos estranhos que envolvem adolescentes e jovens. Sentimos que os valores da dignidade humana, do respeito à vida, da sadia convivência, da família, do equilibrado exercício da autoridade, da fé, da solidariedade estão sendo bombardeados continuamente pelos desvalores do individualismo, da corrupção, da violência, de uma religiosidade interesseira e da anarquia. As três grandes instituições que sempre foram espaços privilegiados na construção de pessoas maduras, isto é, a família, a escola e a Igreja, sentem-se impotentes e angustiadas diante destes enormes desafios.

A crise se revela pelo descuido com o outro. Para sairmos dessa crise precisamos de uma nova ética. Ela deve nascer de algo primordial no ser humano. A essência humana. A sabedoria reside mais no cuidado do que na razão e na vontade.

Sonhamos com uma escola ainda por vir, onde os valores estruturantes se constituirão ao redor do cuidado com as pessoas.

Mas para isso devemos percorrer um longo caminho de conversão de nossos hábitos cotidianos. Precisamos de um novo paradigma de convivência: a generosidade. Há um descuido e um abandono dos sonhos de generosidade. Há um descuido e um descaso pela dimensão espiritual do ser humano, que cultiva a lógica do coração e do enternecimento por tudo o que existe e vive. Recorre-se frequentemente à violência para resolver conflitos interpessoais normalmente superáveis mediante o diálogo e a mútua compreensão.

5.10.1 Sugestão para atividades

Dinâmica: O que é cuidar

Saber como é você

Desafiar você para que realize todo seu potencial
Incentivar você a acreditar em si mesma(o)
Guardar segredo de suas coisas
Achar graça não de você, mas com você
Procurar coisas boas em você e as encontrar
Sentir-se feliz por ser você mesma(o)
Passar por cima de suas tolas vaidades e fraquezas humanas
Rezar por você e seu crescimento
Ver coisas boas em você que nunca os outras viram
Deixar-lhe que compartilhe do seu íntimo
Defender você quando necessário

a) Objetivos:

- contribuir para que crianças e adolescentes possam refletir sobre o valor do cuidado;
- vivenciar situações em que o aluno internalize a necessidade de sentir-se cuidado em certos momentos da vida;
- contribuir para que crianças e adolescentes vivenciem situações de respeito e solidariedade;
- respeitar e valorizar o próximo.

b) Material: Viseiras e vários obstáculos desde que não causem riscos à integridade dos alunos.

c) Idade: Pré-adolescentes, adolescentes e jovens.

d) Tempo: 50 min.

e) Metodologia:

- em duplas, coloca-se uma viseira em um dos alunos (cego);
- o outro (mudo) irá conduzi-lo a um passeio;
- o aluno guia (mudo) será responsável pelo cego, protegendo-o;
- após determinado tempo, invertem-se os papéis.

f) Conclusão: Todos assentados em círculo, cada um terá oportunidade de expor o que sentir quando cego e mudo.

g) Reflexão:

- momento de silêncio;
- logo após o professor fará o fechamento do encontro ressaltando as dificuldades que ambos enfrentam em seu dia a dia;
- fechar cantando a canção:

Amigos-irmãos

Michael Sullivan e Paulo Massadas

Ter um amigo
Na vida é tão bom ter amigos
A gente precisa de amigos do peito
Amigos de fé, amigos-irmãos
Iguais a eu e você

Ter um amigo
Quem é que não tem um amigo?
A gente precisa de amigos do peito
Amigos de fé, amigos-irmãos
Iguais a eu e você... Amigos

Toda vez que a gente está sozinho
E que se está perdido no caminho
Ele sempre chega de mansinho e
mostra uma saída

Toda vez que a gente está cansando
E que vê o mundo desabando
Ele sempre mostra o lado bom que
tem a vida

Ele sempre está do nosso lado
E com a gente fica preocupado
Ele nunca pede nada em troca, não
Quantas vezes dá sem receber...

Ele ri das nossas alegrias
Ele chora com a nossa dor
Ele é a forma mais sublime do amor

Ter um amigo
Na vida é tão bom ter amigos
A gente precisa de amigos do peito
Amigos de fé, amigos-irmãos
Iguais a eu e você

Ter um amigo
Quem é que não tem um amigo?
A gente precisa de amigos do peito
Amigos de fé, amigos-irmãos
Iguais a eu e você... Amigos

De repente bate uma tristeza
E ele chega cheio de energia
E transforma toda a incerteza em alegria
Ele sabe dos nossos segredos
E conhece até os nossos medos
Se a gente está chorando ele vem e diz: sorria

Ele sempre está do nosso lado
E com a gente fica preocupado
Ele nunca pede nada em troca, não
Quantas vezes dá sem receber
Ele ri das nossas alegrias
Ele chora com a nossa dor
Ele é a forma mais sublime do amor

Ter um amigo
Na vida é tão bom ter amigos
A gente precisa de amigos do peito
Amigos de fé, amigos-irmãos
Iguais a eu e você

Ter um amigo
Quem é que não tem um amigo?
A gente precisa de amigos do peito
Amigos de fé, amigos-irmãos
Iguais a eu e você... Amigo

Dinâmica Morada Humana

a) Objetivo da Atividade:

• desenvolver estratégias para utilizar os elementos da "Morada Humana" como recurso para o cultivo da Paz interna/pessoal e da paz com o próximo.

b) Pressuposto:

• pressupõe-se que o autoconhecimento constitui caminho seguro para o conhecimento do outro subsiando a melhor interação social entre professor e aluno/ professor e família/ escola/ comunidade.

c) Desenvolvimento:

• técnica proposta: Dinâmica Morada Humana.

Esta técnica é composta de 2 (dois) momentos distintos:

1º Momento:

• imagine-se sendo um morada:

• localize dentro de você onde estão: a sala, quarto, cozinha, banheiro.

Paralelo da Morada Humana	
Aspectos Físicos	Aspectos Metafísicos
Quarto	Eu comigo: minhas reflexões mais íntimas.
Sala	Eu com o outro: meus relacionamentos interpessoais.
Banheiro	Purificação mental: cuidado, higiene, seleção de pensamentos e sentimentos.
Cozinha	Alquimia e encantamento: transformação do sal em sabor essencial para a vida.

2º Momento:

Engenharia Interior:

- construa um painel com uma figura humana, localizando segundo critério do grupo: sala, quarto, cozinha, banheiro;
- estabelecer gancho entre as divisórias escolhidas com os seguintes aspectos:

Por que escolhi esta parte do corpo para ser o quarto?
Como gosto de meu quarto?
Quem eu levo em meu quarto para conversar?

Por que escolhi esta parte do corpo para ser a cozinha?
Para que serve a cozinha?

Por que escolhi esta parte do corpo para ser o banheiro?
Como gosto do meu banheiro?

Por que escolhi esta parte de meu corpo para ser a sala?
Quem recebo na minha sala?

Parte III

AO PROFESSOR

6. SUBSÍDIOS PARA O PROFESSOR

6.1 Trabalhando as Relações Interpessoais na Escola

A sociedade é a reunião de pessoas e, portanto, inclui-nos definitivamente, tornando-nos elementos integrantes e participativos dentro dela, seja de modo pró-ativo ou não. Sendo assim, estas é que determinam as características que a sociedade terá.

A questão da comunicação entre as pessoas é hoje um aspecto que ganha destaque por sua relevância na qualidade de vida. Não raras vezes, assistimos assustados a episódios nos telejornais, expondo situações corriqueiras, próprias do cotidiano, que terminam em ações violentas.

Isso nos remete a perguntas essenciais: o que foi que houve com a dádiva da fala? Em que momento deixamos de utilizar recursos, que nos são próprios, para nos comportarmos de modo irracional? Quando foi que a velha e boa conversa saiu da pauta de nosso dia a dia, deixando um espaço sem regras?

Se desejarmos uma sociedade diferente, teremos que mudar a maneira de pensar e sentir, já que são essas maneiras de ser que determinam o comportamento do ser humano.

Sem dúvida, a linguagem é a principal forma de comunicação e transmissão do conhecimento.

6.1.1 Sugestão para atividades

Dinâmica: "A Escola dos Bichos"

A dinâmica a seguir procura contribuir para uma reflexão profunda sobre como o nosso comportamento está afetando o outro. Ela explora todo um universo de comunicação entre as pessoas, usando a simbologia dos bichos, numa tentativa de chamar a atenção para cada comportamento em particular, melhorando a relação entre as pessoas, que, na atual conjuntura, parece estar frágil e debilitada, esperando a interferência de todos nós.

a) **Objetivo:** contribuir para uma reflexão junto dos professores sobre os entraves das relações interpessoais na escola;

b) **Procedimento didático:** estudo de caso "A escola dos bichos";

c) **Recurso didático:** xerox do texto "A escola dos bichos";

d) **Desenvolvimento:**

- falar do objetivo da dinâmica,
- fazer a divisão do grupo,
- fazer a oficina de trabalho (ver quadro anexo),

- abrir uma plenária,
- apresentar as sistematizações do grupo.

A Escola dos Bichos

Ayrde da Luz Siqueira Alves de Assis

Lá no meio da floresta
Havia uma "Escola dos Bichos".

Como toda Escola que se preze,
Lá havia seu quadro docente,
E também seu quadro discente.
Havia bicho alegre,
E bicho que estava descrente.
Pois um grupo é sempre formado,
De pessoas diferentes.
E por isso é muito difícil
Um grupo se entender plenamente.

Havia falador e havia mudo,
E também o politizado,
Aquele que era agressivo,
Mas também o dominado.
Aquela que vivia sorrindo,
Mas também a que chorava.
A enamorada da vida
E também a mal amada.

Havia doutores e tímidos,
E também o magoado.
Havia quem, animado,
Acreditava na educação,
E o que, desconsolado,
Pra ela não via solução.

Com tantas diferenças,
Os problemas iam se avolumando.
Mas como problema bem administrado
Acaba virando solução,
A dona diretora
Marcou uma reunião.

Chega o dia esperado!
E o grupo, aos poucos, vai chegando...
Havia bicho animado,
E bicho quase chorando,
Pois a bicharada estava
"O sábado compensando".

Chega a dona Girafa.
Vaidosa, como sempre rebolando,
Com um lindo colar de pérolas,
Seu pescoço enfeitando.
Era bom ver sua vaidade,
Também seu grande senso de justiça,
Segurança e sensibilidade.
Trazia sempre consigo
Uma máxima preparada,
Para ajudar algum colega
Que não acreditava em nada.

Vige! Olha quem vem chegando...
É a dona Cobra,
Perigosa, oportunista.
Parecia até brincadeira!
Como era fofoqueira,
Estava sempre armando um jogo,
Para ver o circo pegar fogo.

Mas para contrabalançar,
Chega a Macaca risonha,
Descontraída, brincalhona e otimista.
Para o astral melhorar,
Era só perto dela ficar.

Vige Maria!
O senhor Gato, que aos poucos vai entrando,
Pra mais uma vez,
Em cima do muro, ficar.
Sem coragem de decisão,
Na tocaia olhava a melhor posição!
Para nela se apoiar.
E não cair em contradição.

Discreta e elegante,
Vem chegando a dona Garça,
Profunda, coerente e observadora,
Vai à raiz da questão
E quer ajudar a reunião.

Mas atrás da dona Garça
Vem a Galinha d'Angola,
Repetindo como sempre
A mesma cantarola:
Tô fraca... tô fraca... tô fraca.
Não acreditava em si mesma,
E só se sentia bem,
Quando conseguia angariar
A piedade de alguém.

Agora chega o Cachorro,
Inteligente, politizado.
Pena que use isso tão mal,
Pois é bastante radical.

Lá vem o Papagaio,
Como sempre emplumado.
Pronto para falar... falar...
Mas nada que contribua.
Coisas que já guardou,
Quando alguém as mencionou,
E o público se impressionou.

Logo atrás a dona Arara
Está acabando de entrar,
Já procurando um lugar estratégico
Para poder fofocar.
Mas dessa vez vai ser difícil,
Pois, ao seu lado, acaba de se assentar

O senhor Jabuti,
Sério, coerente, responsável.
É um batalhador incansável.
Para ele, tudo tem solução.
E o que falta na bicharada
É vontade e organização.

Mais atrás o senhor Cavalo,
Pronto para dar uma patada.
É muito bom de serviço,
Mas com ninguém fala nada.
É jogo muito usado
Para todos manipular,
Fazer o que bem quiser,
E ninguém o incomodar.

Senhor Pavão, de leque aberto,
Acabava de se assentar,
Achando-se o mais bonito,
Inteligente e eficiente...
A todos desprezando,
Com ar de superioridade,
Pois, para ele, o grupo
Só dizia futilidade.

Caminhando lentamente,
Lá vem o senhor Pato,
Buscando sombra e água fresca,
Quer viver tranquilamente.
Não se envolve com nada,
Levando a vida na enrolada.
Vejam só o senhor Urubu,
Até que enfim apareceu!
Pessimista, só vê carniça,
Não quer ver nada acontecer,
E deseja ver o grupo morrer.

Mas de viola debaixo do braço,
Pronta para cantarolar,
A Cigarra acaba de chegar.
Mas seu negócio é mesmo
Nunca se preocupar...
Pegar o que está pronto
E encontrar alguma bobona,
Para dela se aproveitar.

Deus do Céu!
O terror da escola
Acaba de se assentar,
É o senhor Leão,
Pronto para esbravejar.
O silêncio é total!
A todos impõe respeito.
Agarra a todos pela presa.
E para ele, ninguém tem defesa.
Faz tudo sozinho.
A ninguém pede opinião.
Para ele, o grupo
Não tem poder de decisão.

E a seu lado a dona Hiena,
Tremenda de uma puxa-saco,
Gosta de quem está no poder,
E sorri de quem não sabe se defender.

Agora entra a Lagartixa,
A cabeça abanando.
Parece que vive a esmo,

Pois sempre diz:
"É isso mesmo".

E a Borboleta e o Beija-flor,
Como sempre desligados,
Distraídos vão chegando,
De grupo em grupo voando
Para saber o que se estava passando.
Haviam se esquecido da reunião
Mas enfim chegaram a tempo
De participarem do evento
E não terem o ponto cortado,
Diminuindo o dinheirinho
Que já era tão pequenininho.

E agora, minha gente, vai começando a reunião.
Mas é o leitor que vai para ela
Procurar por uma solução.

Oficina de Trabalho

Grupo 1
"Problema bem trabalhado vira solução"
O trabalho em equipe pode ser descrito como um conjunto de pessoas que se dedica a realizar uma tarefa ou determinado trabalho.

O objetivo do grupo 1 é elaborar a pauta da reunião:
- definir objetivos;
- metas; e
- estratégias.

O grupo poderá usar de sua criatividade, trabalhando com:
- simulação;
- estudo de caso;
- ou simplesmente planejar uma reunião.

Grupo 2
Como o propósito da reunião é a busca de estratégias para que sejam solucionados os problemas da escola, os grupos devem estar bem articulados para que se atinjam os objetivos propostos.

Atividade do grupo
O grupo 2 vai redesenhar e readequar o quadro organizacional da escola, redefinindo funções, visando principalmente a valorizar cada indivíduo em sua criatividade, participação, visão de futuro e senso crítico.
Como o grupo é formado de pessoas diferentes, usando de bom senso e criatividade, estude bem as características de cada bicho, dando-lhe a função devida, de acordo com aquilo que ele tem de melhor, lembrando que todos estão em função de um mesmo objetivo.

1. Girafa
2. Cobra
6. Galinha d'Angola
7. Cachorro
11. Jabuti
12. Cavalo
16. Cigarra
17. Leão

3. Macaca	8. Beija-flor	13. Pavão	18. Hiena
4. Gato	9. Papagaio	14. Pato	19. Lagartixa
5. Garça	10. Arara	15. Urubu	20. Borboleta

Grupo 3
O comprometimento é a chave para o sucesso.Trabalhar em equipe significa compartilhar uma direção comum. A função do grupo 3 será a de definir:

- prioridades;
- ajuste de metas;
- criar um ambiente positivo de mudanças;
- aproveitar o potencial da capacidade humana;
- envolver todos na mudança para a qualidade;
- preparar colaboradores para o futuro;
- eliminar a alienação e a baixa estima;
- fazer da qualidade de vida a qualidade do produto;
- aumentar o poder de detecção e retenção de talentos; e
- transformar o sucesso individual em ganho conjunto.

Grupo 4
Com qual animal (ou animais) o grupo se identifica.
Elabore uma proposta de apresentação. Pode ser uma exposição, uma simulação, um poema, uma música, um texto, um júri simulado, ou qualquer outra atividade que demonstre a criatividade do grupo.

6.2 Uma experiência que deu certo: "Projeto Carnaval Pedagógico: da Escola à Avenida"

6.2.1 Carnaval Pedagógico: O que é?

O Carnaval Pedagógico foi uma experiência de sucesso, pioneira na educação, promovida pelo Departamento Municipal de Educação de São João da Ponte no sentido de promover um trabalho multidisciplinar.

Foi uma metodologia que envolveu a participação de toda a comunidade educativa, numa proposta intensiva de integração social, na qual teoria e prática se entrelaçaram, num depoimento verdadeiro de que é possível fazer educação de verdade quando se coloca o coração e a paixão.

Professores, alunos, técnicos e serviçais se revelaram numa avenida, mostrando um verdadeiro trabalho de equipe em que se mesclaram empenho e confiança, numa explosão de criatividade, criticidade, conhecimento, planejamento e organização.

O professor vestiu a camisa de sua escola e torceu pela vitória de seu time: **a educação.**

6.2.2 Desenvolvendo o Carnaval Pedagógico passo a passo

Componentes estruturais do Projeto Pedagógico[1]

1. Diagnóstico: Levantamento dos problemas existentes e da necessidade de superação

Faz parte do calendário do município de São João da Ponte o encontro de educadores, periodicamente, para uma formação continuada. Visando à formação inicial de 2003 discutida anteriormente com os professores, diagnosticou-se a necessidade de aprofundamento nos temas transversais para o resgate do carnaval pontense, há muito desaparecido naquele município. Dentro de um enfoque formativo, estava o regaste da cultura pontense aliada a um trabalho com ética como forma de valorização do professor enquanto formador, e do resgate da criança enquanto cidadã do futuro.

A semana de formação, pela própria necessidade do tema, seria realizada durante o carnaval com a culminância de uma escola de samba na avenida, cujo tema do samba-enredo seriam os problemas enfrentados pela educação daquele município e a busca de solução para os mesmos.

2. Introdução: Faz uma apresentação geral da proposta de trabalho

O presente Projeto Pedagógico pretende ser uma experiência inovadora, com o grande desafio de capacitar 600 educadores, envolvendo a comunidade local numa proposta de trabalho que culmine com "A escola de samba na Avenida de São João da Ponte".

3. Justificativa: Explica a causa, o motivo gerador do Projeto

O curso foi realizado em 2002 no município de São João da Ponte/MG para educadores de toda a rede municipal, cujo tema foi "Planejamento Estratégico", tendo como eixo temático a transição da teoria à prática, com a perspectiva de se realizar em 2003 um Carnaval Pedagógico, como empreendimento e marco final da capacitação.

São João da Ponte é um município que se localiza a 120 quilômetros de Montes Claros/MG, e possui uma economia basicamente agropecuária. O número de habitantes, de acordo com o último Censo realizado, é de 22 mil moradores.

As questões culturais de São João da Ponte giram em torno de festas religiosas, festas juninas e rodeios. Em conversas com moradores locais, identificamos que São João da Ponte, embora há alguns anos tivesse uma tradição carnavalesca, foi se perdendo ao longo dos anos, com o processo de emigração dos jovens para cidades maiores. Essa constatação fez com que a comunidade se mobilizasse com o objetivo de resgatar o carnaval – cujo diferencial seria uma festa totalmente ética, educativa, com base

[1] Texto na íntegra.

nos antigos carnavais das marchinhas, da época em que a multidão se aglomerava em torno do coreto da praça central, e então todos democraticamente se divertiam. Sem importar a idade, as diferenças raciais e sociais, entre outras. Tudo isso legitima a nossa proposta.

4. Problematização: Detonador do Projeto. São perguntas e dúvidas a respeito do que se quer conhecer e do que é preciso para realizar a proposta.

- História do samba?
- Qual a contribuição dos negros na história do samba?
- O que é um samba-enredo?
- Como nasceu a escola de samba?
- Como evoluíram as escolas de samba?
- Como se organiza uma escola de samba?
- Quais os quesitos para se colocar uma escola na avenida?

5. Identificação das áreas de saber: citar quais disciplinas e respectivos conteúdos serão trabalhados no Projeto:

- PCNs: História, Geografia, Português, Matemática;
- Temas transversais: Pluralidade Cultural, Arte, Ética, Trabalho e Consumo.

6. Definição dos Objetivos: É a descrição clara do que se pretende alcançar.

a) Objetivo Geral:

1. Promover maior interação social entre comunidade e escola, contribuindo para a humanização dos alunos do município.

b) Objetivos Específicos:

1. Promover a interação social na comunidade escolar.
2. Possibilitar maior participação da comunidade nos processos sociais da escola.
3. Intensificar as relações interpessoais entre professor-professor, aluno-aluno e aluno-professor.
4. Favorecer o desenvolvimento da criatividade como subsídio a um trabalho transdisciplinar.
5. Identificar os diversos passos e a linha de ação que possibilitam o desenvolvimento de um projeto.

7. Planejamento: Plano de Ação

É o momento em que se criam as estratégias para buscar respostas às questões e hipóteses inicialmente levantadas. O planejamento se constitui hoje em um dos principais fatores para o sucesso de qualquer projeto.

a) Plano de Ação do Carnaval Pedagógico:

1. Etapas:

- Diagnosticar o contexto de realização do Projeto: dificuldades e facilidades;

- Priorizar soluções para resolver os problemas identificados;
- Definir as comissões de trabalho;
- Estabelecer metas;
- Elaborar cronograma de ações;

2. Distribuição das responsabilidades entre as comissões de trabalho:

Logo que as tarefas forem estabelecidas, é muito importante que se defina o responsável pela execução de cada uma delas. As responsabilidades não devem ser impostas e a decisão deverá ser participativa.

Além da participação e do compromisso das pessoas da escola, é prevista a participação da comunidade, instituições ou órgãos oficiais e empresas privadas.

Comissão 1: Coordenação

É o grupo que irá liderar a execução do projeto. Sua atribuição será acompanhar, apoiar e cobrar ações das respectivas comissões, bem como articular o trabalho desenvolvido pelas mesmas. É uma espécie de comissão diretora.

Comissão 2: Orçamentária

Grupo responsável pelo orçamento, captação e administração de recursos.

Comissão 3: Comunicação

Divulgação do carnaval pedagógico e seus objetivos, data e horário na midia e comunicação final após o desenvolvimento do projeto.

Sugestão de release para jornais e televisão

Integrando o Movimento Educacional de São João Da Ponte (Move) acontece no dia 4 de março (3ª feira de carnaval) o desfile da Escola de Samba da Diretoria Municipal de Educação do município, com o tema: "Educação, Problemas e Soluções".

O samba-enredo será criado a partir de um concurso entre os professores municipais no dia 22 de fevereiro e escolhido por uma comissão julgadora dentro dos seguintes quesitos: fidelidade ao tema proposto, originalidade, criatividade e melodia.

O ponto alto da criatividade irá basear-se na montagem das alas, item que deverá ser cumprido em apenas dois dias durante a formação de professores em Arte e Educação, que se efetivará no dia 4 de março.

A Escola de Samba integra um movimento educacional da Secretaria Municipal de São João da Ponte e a Brisa Consultoria, que começou em 2002 com o Plano de Desenvolvimento Educacional.

Para rádio

Os professores da Secretaria Municipal de Educação de São João da Ponte convidam todos os municípios do Norte de Minas a assistirem ao desfile da sua escola de samba no dia 4 de fevereiro, na praça principal.

Comissão 4: Arte e ornamentação

Grupo responsável pela confecção das fantasias e decoração das ruas onde passarão os blocos do Carnaval Pedagógico.

Comissão 5: Samba-enredo (texto em anexo)
Grupo responsável pela definição do tema do samba-enredo, criação de letras e musicalização do mesmo.
Comissão 6: Bateria
O grupo deverá ser formado de preferência por quem já toca algum instrumento. Será o responsável pela montagem dos instrumentos da bateria, organização, arranjos, ensaios e apresentação.
Comissão 7: Responsável pela comissão de frente, porta-bandeira e mestre-sala, alas das crianças e das baianas.
Grupo responsável pela organização, produção, ensaios e apresentação da comissão de frente, porta-bandeira e mestre-sala, alas das crianças e das baianas.
Comissão 8: Organização, planejamento e segurança
Organização dos blocos antes, durante e depois da apresentação na avenida. Planejamento das ações dos mesmos, como também a sua segurança (contatar-se com policiais através de oficio da Secretaria).

b) Exemplo do trabalho desenvolvido pela Comissão de Samba-enredo

1. Desenvolvimento:

- Serão realizados grupos de trabalhos nos quais serão listados os temas que vão contribuir para formação ética e social dos alunos.
- Escolha do melhor tema por sala.
- Escolha do tema oficial:
  Serão colocados todos os temas num painel;
  Será formada uma comissão julgadora com representantes de cada sala, do colegiado e da SME – São João da Ponte;
  Resultado: escolha do tema "Problemas e Soluções da Educação".
- Criar a letra do samba-enredo.

2. Metodologia:

Formar uma comissão com dois representantes de cada turma (10 alunos) de preferência que tenham algum envolvimento com música ou instrumentos musicais.

3. Roteiro para elaboração do samba-enredo:

- O samba-enredo deverá obrigatoriamente ter 5 estrofes.
- Deverão ser observados os seguintes quesitos:
  Fidelidade ao tema proposto;
  Criatividade;
  Criticidade;
  Melodia.
- Síntese: Equivale à conclusão teórico-prática do evento. É o resultado cognitivo, afetivo, social e cultural a que se foi capaz de chegar com a vivência do projeto.

Todos os 600 educadores, bem como a comunidade local, concluiu a importância, relevância e riqueza do projeto, como condição fundamental para um novo agir pedagógico que extrapole os muros da escola e que abra literalmente os seus portões para a participação da comunidade.

• Avaliação: Momento em que os envolvidos estabelecem critérios para avaliação da atividade realizada. É uma questão de ponderar a relação custo-benefício e reavaliar os ganhos e perdas do processo. Exemplos de instrumentais utilizados na avaliação:

Entrevista com membros da comunidade que contribuíram para a realização do projeto;
Depoimento de pessoas que apenas usufruíram do evento;
Questionários avaliativos distribuídos aos educadores;
Empreendimento: "Carnaval Pedagógico: da escola à avenida";
Repercussão do evento na mídia.

c) Conclusão da Avaliação do Carnaval Pedagógico:

A comunidade avaliou o resultado do projeto e a conclusão foi muito positiva. Observaram que, através do projeto, foi possível resgatar a cultura local, o comprometimento comunitário em torno de um objetivo comum, o cumprimento dos objetivos propostos e a forma organizada, tranquila e segura de como transcorreu todo o desenvolvimento do Projeto.

Por ter sido considerado de grande relevância, representou um Marco Pedagógico. Como consequência, foi publicado na Revista AMAE – Educando, n. 36, setembro 2003, p. 39.

6.3 Resolução de Problemas de Lógica

Problema: "Corrida de Carros"

a) Trabalhando a lateralidade (direita/esquerda – esquerda/direita):

• Pista 1 – Questão 4:

Direita/esquerda: o carro 8 é o último carro à direita; se o carro 8 não tem carro algum à sua direita, ele é a Tyrrel.

• Pista 2 – Questão 6:

O Shadaw não tem carro algum à sua esquerda e está à esquerda do carro verde. Esquerda/direita: o carro 1 é o último carro da esquerda e, sendo o último, não tem carro algum à sua esquerda. Então, ele é o Shandaw.

• Pista 3 – Questão 6:

O Shadaw está à esquerda do carro verde. Sendo o Shandaw o primeiro carro à sua esquerda, só pode estar o carro 2. Então, a cor do carro 2 é verde.

- Pista 5 – Questão 4:

A Tyrrel não tem carro à sua direita e está logo depois do carro preto.

b) Trabalhando o conceito depois:

A Tyrrel está depois do carro preto.

Sendo a Tyrrel o carro 8, ele só pode estar depois do carro 7. Então, o carro 7 é preto.

c) Trabalhando o conceito entre:

- Pista 6 – Questão 5:

O carro preto está entre a Tyrrel e o carro amarelo: para o carro preto estar entre a Tyrrel e o carro amarelo, o carro preto só poderá ser o carro 7, que estará entre o carro 8 e o 6.

- Pista 7 – Questão 1:

A Ferrari está entre os carros vermelho e cinza.

Para solução desta questão é preciso que o professor se sinta posicionado atrás de um *Grid* de Largada. Lembrando que a sua frente estão posicionados oito carros de cor e marca diferentes, alinhados lado a lado para uma corrida.

O carro 1 não tem carro à sua esquerda, não pode estar entre (descartado).

O carro 2 está entre os carros 1 e 3, porém o carro 3 deverá ser cinza e estar à esquerda do Lotus, entretanto está à esquerda do Shadaw e não do Lotus (descartado).

O carro 3 está entre os carros 2 e 4, porém o carro 2 à esquerda é de cor verde e não de cor vermelha (descartado).

O carro 4 está entre o 3 e o 5.

O carro 5 está entre os carros 4 e 6. Porém o carro 4 a sua esquerda é de cor amarela e não vermelha (descartado).

O carro 6 está entre o carro 5 e o carro 7. Então, o carro à sua direita é preto e não cinza (descartado).

O carro 7 está entre o carro 6 e o carro 8. Então, à esquerda está o carro amarelo e não o vermelho (descartado).

O carro 8 não está entre porque não tem carro algum a seu lado.

A possibilidade que sobrou é o carro 4; então, o carro 4 é a Ferrari, o carro 3 é vermelho e o carro 5 é cinza.

- Pista 8 – Questão 2:

O carro cinza está à esquerda do Lotus. Sendo o 5 o carro cinza, ele está à esquerda do 6. Então, o carro 6 é o Lotus.

- Pista 9 – Questão 8:

O Lotus é o segundo carro à direita do carro creme e o segundo a esquerda do carro marrom.

d) Trabalhando contagem de 2 em 2:

O Lotus é o segundo carro à direita do carro creme e o segundo à esquerda do carro marrom.

Se o Lotus é o carro 6, o segundo carro à direita do carro 4, então o carro 4 é o creme. O carro 6 é o segundo à esquerda do carro 8; então, o carro 8 é o carro marrom.

• Pista 10 – Questão 9:

A Lola é o segundo carro à esquerda do Isso.

Os únicos carros que não têm marca são os carros 5 e 7. Sendo a Lola o segundo carro à esquerda do Isso, ele só pode ser o 5. Então, a marca do carro 5 é o Isso e a marca do carro 7 é a Lola.

• **Pista 11 – Questão 3:**

A Maklaren é o segundo carro à esquerda da Ferrari e o primeiro à direita do carro azul.

Sendo a Ferrari o carro 4, o segundo carro à sua esquerda é o carro 2; então, o carro 2 é a Maklaren, ele é o primeiro carro à direita do 1. Então, o carro 1 é azul.

Problema "Avenida Complicada"

a) Bebe-se Pepsi-Cola na terceira casa. Sendo a casas de números 801 a 805, a terceira casa é a 803. Portanto, bebe-se Pepsi na casa de número 803.

b) Os coelhos estão na mesma distância do Cadillac e da cerveja. A casa 803 está no meio exato de todas as casas. Portanto o animal que se cria na casa 803 é o coelho.

c) Estando ele na mesma distância do Cadillac e da cerveja, o Cadillac está na casa 802 e a cerveja na casa 804.

d) O proprietário do carro Ford bebe cerveja. Se o proprietário da casa 804 bebe cerveja e quem bebe cerveja tem um carro Ford, o veículo desta casa 804 é o Ford.

e) O proprietário do Volkswagen cria coelhos. Sendo o coelho criado na casa 803, a condução desta casa, então, é o Volkswagen.

f) O proprietário da vaca é vizinho do dono do Cadillac. Estando o Cadilac na casa 802, a vaca estará na 801.

g) A vaca é vizinha da casa onde se bebe Coca-Cola. Sendo a vaca vizinha da casa 802, então a bebida desta casa é a Coca-Cola.

h) O chileno bebe Coca-Cola. Se ela está na 802, o proprietário da 802 é chileno.

i) O argentino e o peruano são vizinhos. Por eliminação, exclui-se a casa 801, porque ela é vizinha da 802 cujo proprietário é um chileno. Exclui também a 803, porque o argentino tem um cachorro. Sobra a casa 804, que será do argentino, e a 805, que será do peruano.

j) O argentino possui um cachorro.

k) O peruano tem uma Mercedes-Benz. Por eliminação, encontra-se o veículo da casa 801. Vejamos: na casa 805 o veículo é a Mercedes; na 804 um Ford; na 803 um Volkswagen; na 802 um Cadillac. Está faltando apenas o Chevrolet. Então o Chevrolet está na 801.

l) O Chevrolet pertence à casa rosa. Descobre-se, então, a cor da casa 801: rosa.
m) O proprietário do carro Chevrolet é vizinho do dono do cavalo. Sendo a 801 a casa vizinha do 802 e lá não tendo animal, descobre-se então o animal da 802: um cavalo.
n) Por eliminação, acha-se o animal da casa 805, isto porque na casa 801 tem uma vaca; na 802 tem um cavalo; na 803 tem um coelho; na 804 tem um cachorro; e sobra o gato para a 805.
o) O gato não bebe café e não mora na casa azul. Como o gato não bebe café, define-se a bebida da 801: café.
p) Na casa verde bebe-se uísque. Por eliminação, acha-se a casa que bebe uísque. A única casa onde falta bebida é a casa 805. Então, na casa 805, bebe-se uísque e a cor da casa é verde.
q) A casa verde é vizinha da casa cinza. Então, a casa 804 é cinza.
r) O brasileiro é vizinho da casa azul. Por eliminação, encontra-se o último proprietário, pois a única casa onde falta morador é a casa 801. Então, o brasileiro mora na casa 801.
s) O brasileiro é vizinho da casa azul. Como o brasileiro é vizinho da casa 802, encontra-se a cor da casa de número 802: azul.
t) Por eliminação, encontra o último proprietário que falta: o mexicano, na casa 803.
u) O mexicano mora na casa vermelha. Encontra-se a última cor que faltava: casa 803 tem a cor vermelha.

Referências Bibliográficas

BUSCAGLIA, Leo. *Vivendo, amando e aprendendo.* Rio de Janeiro: Record, 1997.

COSTA, Antônio Carlos Gomes da. *Aventura Pedagógica.* São Paulo: Ed. Columbus Cultural, 1990.

ENRIQUEZ, Eugêne. *O Vínculo Grupal* – Análise Social e Intervenção. Petrópolis (RJ): Vozes, 1994.

FREIRE, Paulo. *Educação como Prática da Liberdade.* 14 ed. Recife: Ed. Paz e Terra, 1983.

FRITZEN, José Silvino. *Dinâmica de Grupo e de Relações Humanas.* Petropólis (RJ): Vozes, 1974.

GUENTHER, Zenita Cunha. *Educando o ser humano.* Campinas (SP): Mercado das Letras; Lavras (MG): Universidade Federal de Lavras, 1997.

MOSCOVICI, Felá. *Desenvolvimento Interpessoal.* Rio de Janeiro: Livros técnicos e Científicos Editora Ltda., 1985.

PARISI, Mário. *Trabalho Dirigido de Psicologia.* São Paulo: Saraiva, 1978.

POWELL, John. *Porque tenho medo de dizer quem sou.* Belo Horizonte: Crescer, 1993.

REVISTA COQUETEL. Problema de Lógica nº 14. Rio de Janeiro, Ediouro Publicações de Lazer e Cultura Ltda., março de 2002.

SANAGIOTTO, Padre Alir. *Quanto pior for a pessoa com quem você vive, melhor.* – Publicado pela Associação do Senhor Jesus. Rio de Janeiro, Multimídia Livraria Cultura.

SCARAMUSSA, Tarcísio. *O sistema Preventivo de D. Bosco.* Belo Horizonte: Inspetoria São João Bosco, 1992.

SDB – FAMA. *Pastoral da Juventude* (Nucleação). Belo Horizonte: Inspetoria São João Bosco, 1991.

VELOSO, Dom Eurico dos Santos. *Fundamentos Filosóficos dos Valores no ensino religioso.* Petrópolis (RJ): Vozes, 2001.

Este livro foi impresso em tipologia Arno Pro 12/16, e impresso em papel Offset 75g/m^2 (miolo) e Cartão 250g/m^2 (capa), no mês de março de dois mil e dez